LIVY

BOOK XXI

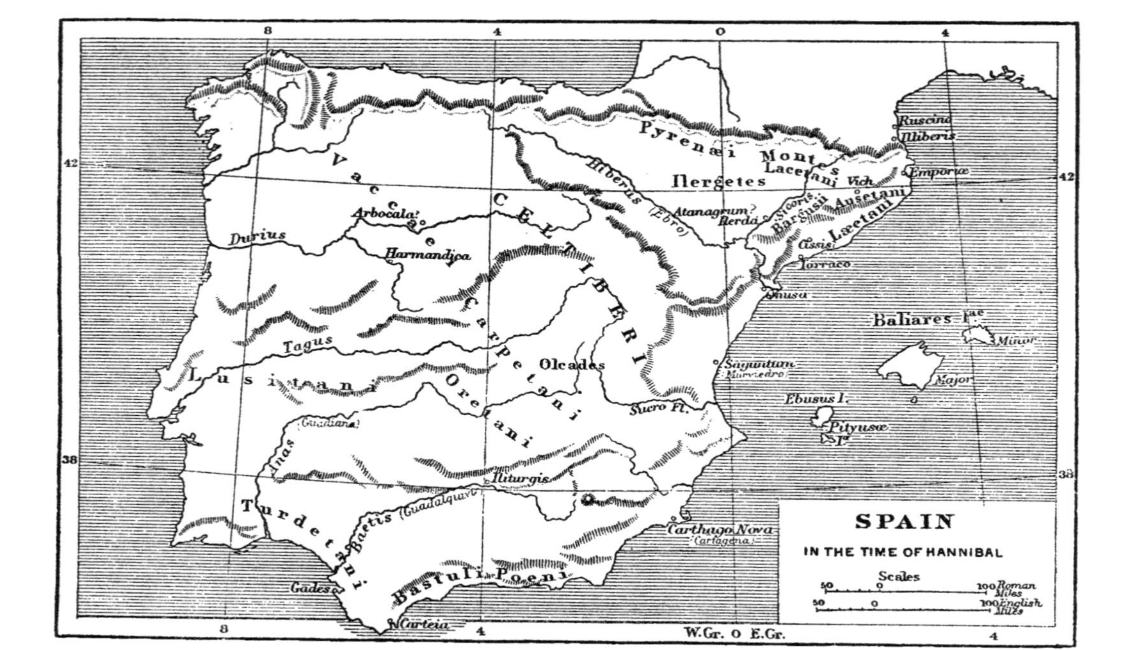
SPAIN
IN THE TIME OF HANNIBAL
Scales
50 0 100 Roman Miles
50 0 100 English Miles
Pyrenæi Montes
Ruscino
Illiberis
Emporiæ
Lacetani
Vich
Ilergetes
Ausetani
Bargusii
Sicoris
Læetani
Atanagrum?
Ilerda
Cissis
Tarraco
Onusa
Hiberus (Ebro)
Vaccæi
CELTIBERI
Arbocala
Harmandica
Durius
Tagus
Carpetani
Olcades
Oretani
Lusitani
Saguntum
(Murviedro)
Sucro Fl.
Baliares Iae
Minor
Major
Ebusus I.
Pityusæ Iae
Anas
(Guadiana)
Iliturgis
Turdetani
Baetis (Guadalquivir)
Carthago Nova
(Cartagena)
Gades
Bastuli Poeni
Carteia
W.Gr. 0 E.Gr.
8
4
0
4
42
38

LIVY

BOOK XXI

EDITED BY

MARCUS S. DIMSDALE

CAMBRIDGE
AT THE UNIVERSITY PRESS
1959

CAMBRIDGE UNIVERSITY PRESS
Cambridge, New York, Melbourne, Madrid, Cape Town,
Singapore, São Paulo, Delhi, Mexico City

Cambridge University Press
The Edinburgh Building, Cambridge CB2 8RU, UK

Published in the United States of America by Cambridge University Press, New York

www.cambridge.org
Information on this title: www.cambridge.org/9781107619920

First edition 1888
First published 1888
Reprinted 1902, 1912, 1914, 1921, 1928, 1949, 1959
First paperback edition 2013

A catalogue record for this publication is available from the British Library

ISBN 978-1-107-61992-0 Paperback

PREFACE

THERE is little that is original in this book. I have derived constant assistance from the editions of Weissenborn and Wölfflin. In particular most of the passages cited as illustrations from other books of Livy than the twenty-first will be found in one of these two editions. I have also had before me and occasionally consulted the notes of Capes, and also those of Tatham (Bks XXI.—XXII. Clarendon Press Series).

I wish to thank Dr J. S. Reid of Gonville and Caius College, for his extreme kindness in making corrections and suggestions.

The text used is that of Weissenborn (seventh edition by Müller). In a very few passages[1] the reading of Madvig (fourth edition) has been preferred.

King's College, Cambridge,
December, 1887.

[1] 2, 2 *quae* for *qui*. 26, 9 *praecipitat* for *praecipitatur*. 32, 2 *praegressos* for *progressos*. 44, 6 *At non ad Hiberum* for *Ad Hiberum*. 44, 7 *adimis? Etiam in Hispanias* for *ademisti? Adimis etiam Hispanias*. 46, 8 *erit* for *erat*.

CONTENTS

INTRODUCTION[1].

§ 1. WHO were the Carthaginians? In their origin they were colonists from that country which the Greeks called Phoenicia, but which its inhabitants themselves knew as Canaan. They were in fact Canaanites, descendants of one of the races which the children of Israel endeavoured, but without complete success, to exterminate.

At what date the Phoenicians first occupied the sea-board of Syria and Palestine is not known; but the period of their greatest prosperity was subsequent to the time when they were first brought in contact with the Israelites. It may be reckoned from about 1000 B.C., when Hiram of Tyre had relations with Solomon, to 332 B.C., when Tyre fell before Alexander the Great.

For the first 300 years of this period, and long before its commencement, the Phoenicians were without a rival in the Mediterranean. They were its earliest explorers, navigators and traders. Without its limits their commerce extended from the Scilly islands and Sierra Leone in the W. to Ceylon and the Malabar coast in the E. Their settlements were placed at all the points of vantage on the Mediterranean coasts. They were the 'princes of the sea', 'the honourable men of the earth'.

But in spite of all this power and magnificence the Phoenicians did not aspire to rule. They strove to maintain peaceful relations with the great military powers of the East. They retired from the Levant to the western Mediterranean before

[1] Cf. Bosworth Smith, *Carthage and the Carthaginians*, c. 1; Mommsen, *Hist. Rome*, II. c. 1, Eng. Tr.

the competition of the Greeks. Their settlements were mere factories set up for purposes of commerce, not colonies founded with a view to empire. "Careless they dwelt, quiet and secure, after the manner of the Sidonians".

Yet among their settlements was one which was destined to form an empire, and war not ingloriously with the future mistress of the world.

§ 2. In the year 817[1], or 67 years before the foundation of Rome, Phoenician colonists made a settlement in the bay of Tunis which they called Kirjath Hadeschath, or new town, to distinguish it from the already existing town of Utica. To the Greeks it was subsequently known as Karchedon, to the Romans as Carthago. To what circumstances are we to attribute the fact that its fortunes were so much at variance with the Phoenician character and traditions, so different from those of any other Phoenician city?

The geographical position of Carthage was excellent. She was placed in the heart of the great roadstead of the bay of Tunis, and near the mouth of the Bagradas or Mejerda which drained the richest corn-land in Africa, afterwards the granary of Rome. Moreover she was admirably situated for commanding one of the two channels connecting the eastern and western basins of the Mediterranean, and, could the neighbouring island of Sicily be won, the other also.

But if the natural advantages of Carthage could not fail to secure for her a certain measure of commercial prosperity, there was another circumstance which mainly contributed towards making her what she afterwards became, an imperial city. The continued aggressions of the Greeks in the western Mediter-

[1] Justin. XVIII. 9, which is fairly in accordance with Livy's statement Epit. LI., probably given in round numbers, that Carthage was founded 700 years before her destruction by Rome. Much earlier dates are given, but this may be explained, as Bosworth Smith suggests (*Carthage and the Carthaginians*, p. 10, note), by the existence of an earlier Phoenician settlement on or near the same site, said to have been called Cambe. The story that Carthage was founded by Elissa, Virgil's Dido, about the time of the siege of Troy, is of course a legend.

ranean forced the Phoenicians to abandon their policy of retiring, and look for some champion round whom they could rally. That champion was Carthage.

§ 3. Naxos, the first Hellenic colony in Sicily, was founded in 736 B.C., and Syracuse, the future rival of Carthage, in the following year. In a hundred years the Hellenes were in possession of all but the extreme W. of the island. But at some time in the succeeding century (650—550 B.C.) the first step towards Phoenician consolidation was taken by Motya and Panormus, who joined the Carthaginian alliance. There was the less doubt as to whom they should look to for protection that the power of Tyre had for some time been declining. In 588 B.C. the disaster shadowed forth in the writings of Ezekiel took place, and Tyre fell before Nebuchadrossar, king of Babylon. However, though Carthage had now reached the position of leader of the Phoenicians in the W. Mediterranean, for a long time she did not take any aggressive action against the Greeks. She was satisfied that the Phoenicians should retain a foothold in Sicily. The battle of Alalia, which she fought in conjunction with the Etruscans in 537 B.C., was fought not to establish the Phoenicians in Corsica but to prevent the Phocaeans from settling there. The part which she took against the Greeks in 480 B.C. at Himera, while the Persians were fighting against them at Salamis, was only an isolated effort.

§ 4. It was to the establishment of her power in Africa, the conquest of Sardinia and the acquisition of the Phoenician settlements which had belonged to Tyre, that the attention of Carthage was directed for the next hundred years (550—450 B.C.). It was a period of great military progress for Carthage, and her successes are associated with the name of a family which held something of the same position afterwards held by the family of Barca. Mago, his sons Hamilcar and Hasdrubal, and their sons after them, were successively the leaders of the Carthaginian armies. If Hamilcar be the general who fell at Himera in 480, Mago's career would fall between 550—500 B.C. He is said to have organised the Carthaginian army. Under

Mago's leadership or that of his sons Carthage refused the ground-rent she had hitherto paid to the native Berber tribes. Not till 450 B.C. did she make good her refusal. She continued to wage war with them till she had subdued the country as far south as Lake Tritonis. Theveste, an important Berber town, was taken as late as the beginning of the first Punic war. Sardinia, as has been remarked, occupied the Carthaginian arms during this period. When it was conquered is not known, but it appears as a Carthaginian province in the first treaty with the Romans in 346 B.C.

§ 5. Established in Africa, Carthage was in a position to take aggressive measures against the Greeks. Her rival in Sicily was Syracuse. During a period of 140 years (410—274 B.C.) Carthage waged war periodically with the Greeks, led by three Syracusan tyrants in succession, Dionysius, Timoleon and Agathocles, and lastly by Pyrrhus, king of Epirus. In the course of these conflicts the tide of conquest rolled repeatedly from one end of Sicily to the other, but with the final result that the western half of the island remained in the hands of the Carthaginians. Meantime Tyre had endured her last siege, and fallen before Alexander the Great (332 B.C.). Carthage was now indisputably the head of the Phoenician world, and in a position that no other Phoenician city had occupied before.

§ 6. What was the extent and what the nature of her empire? In Africa she possessed the coast of Tripolis, the Carthaginian territory proper, which with the provinces of Byzacium and Zeugitana corresponded to the present principality of Tunis, and a line of colonies along the coast of Africa reaching as far as the Pillars of Hercules. She possessed the western half of Sicily, with the Aegatian and Liparaean islands, and Malta. Sardinia was a province and Corsica a dependency of Carthage. Lastly there were the Balearic and Pityusan islands on the way from Carthage to Spain, and Gades with some adjacent coast settlements on the Spanish mainland itself.

Admirably situated as these possessions were for purposes of trade, they were hardly sufficiently compact to form a durable empire. Moreover they were not united by bonds of common interest. Carthage stood alone at the head, and pursued a purely selfish policy. Utica indeed, the only independent town besides Carthage, stood to her in something of the same relation that Praeneste bore to Rome. But the other Phoenician towns, which joined or submitted to Carthage some time between 346 and 306 B.C., were treated as subjects and paid tribute. The Libyphoenicians, or offspring of mixed marriages between Carthaginians and natives, were viewed on the whole with distrust and occasionally deported to distant colonies. The native Libyans, who paid a fourth part of the produce of the land they cultivated to their conquerors, were no friends to the government, as will be seen from the part they took in the mercenary war.

§ 7. This empire was ruled by a powerful oligarchy, for such in its main lines we see the Carthaginian government to have been.

The chief magistrates of the State were the two Suffetes (Shofetim or Judges). They were elected by the people, but only from a certain number of families. Originally possessed of almost regal power, they were gradually restricted to priestly and judicial functions, while their term of office was reduced from a lifetime to a year.

The principal assembly was the Senate. How its members were elected and how long they held office we do not know. Probably, like the Roman senators, they were life members, and the character of the assembly however elected was aristocratic. The Senate decided on questions of peace and war, sent out colonies, and, for a considerable period of Carthaginian history, practically conducted the government.

But there was another body which was destined to rob the Senate of much of its power. This was the Council of 100 or 104, a body drawn from the Senate itself. It was originally appointed about 450 B.C. to check the power of the family of Mago, which threatened to become excessive. For this purpose it received the right of calling Suffetes, generals and other magistrates to account. But the power thus put into its hands made it the virtual master of the State, and the 104 eventually became a sort of probouleutic assembly to the Senate, and treated generals and magistrates as its servants.

It remains to mention the pentarchies. These were co-opting boards of five, holding office for a considerable length of time and managing the various departments, such as the navy, treasury, and control of public morals. Its members again were probably members of the Senate or 104.

Between the two bodies last mentioned the control of the State was probably shared, and Aristotle's remark that it was a common thing for several offices to be concentrated in one person, true in his time, was probably truer of the period of the Punic wars.

Under the constitution above described the government was efficiently administered. The resources of the country and the trade of Carthage were developed; the people, partly owing to aristocratic corruption, partly to the fact that the population was restricted by State-directed emigration, were generally contented. In the history of Carthage, Aristotle says, there had been only two attempts at revolution. But the concentration of power in so few hands eventually produced a reaction. In the crisis of the mercenary war an opposition under Hamilcar Barca came into existence. It is probable that it was among the members of the 104 that Hannibal met with what resistance he had to confront during the second Punic war. At any rate after the end of the war he found it necessary to put an end to their arbitrary rule by limiting their tenure of office to two years.

§ 8. It is time to turn from Carthage to her great rival.

Rome, a mere Latin settlement on the Tiber, had grown to power while defending the frontier of Latium against the Etruscans on the north, while the Latins, her allies on equal terms, bore the brunt of the attacks of Aequians and Volscians on the south. But the Etruscan power fell before the advance of the Gauls; and though the latter pressed on and overran Latium too with their hordes, yet they quickly passed away, and at their departure Rome was soon in a stronger position than before, her old enemy annihilated, her old allies equals no longer, but so weakened that she found it easy to make them her subjects.

The subjugation of Latium was but an interlude in the long struggle with the Samnites, and this was hardly completed when she found herself face to face with the Greeks of Southern Italy. It was a fortunate thing for Rome that she was able to oppose a united State to so formidable a foe. The Hortensian law of 287 B.C. had closed the controversy between Patricians and Plebeians seven years before Pyrrhus landed in Italy. The victory over Pyrrhus left Rome mistress of Italy. The Gauls on the Po were yet to be conquered, but from the Italian races she had nothing to fear.

§ 9. What had been the relations between Rome and Carthage up to this time? They did not date back to a very distant period. Just before the first Samnite war a commercial treaty had been arranged between them (346 B.C.).[1] No Roman ship was to sail along the African coast W. of Cape Bon, Carthage was not to injure the allies of Rome, and Corsica, Sardinia and Sicily were to be open to Roman trade. Forty years passed and a second treaty bears witness to the growing jealousy between the two States. Corsica and Sardinia were closed to the Romans, though to Sicily they had free access. Lastly, at the time of the invasion of Pyrrhus we find Carthage under pressure of circumstances offering to form an offensive and defensive alliance against the common enemy. The offer was accepted, but the minuteness with which the circumstances are defined under which it might or might not be lawful to render aid, testify to the suspicion with which the two nations regarded each other. Pyrrhus as he left Sicily saw clearly that the island which had been so long the battle field of Carthaginian and Greek, would soon be the prize of conflict between Carthaginian and Roman.

§ 10. In 284 B.C. some mercenaries of Agathocles had treacherously seized Messana, where they established themselves, and under the name of Mamertini, or children of Mars, carried on their depredations against the surrounding country. Attacked by Hiero, the young king of Syracuse, and closely

[1] The chronology of Mommsen has been followed with regard to the treaties between Rome and Carthage.

besieged, they appealed for help simultaneously to Carthage and to Rome. Rome could not in justice grant this request. Hiero was her ally, and she had lately assisted him in expelling just such another body as the Mamertines from Rhegium. But the temptation to get a footing in Sicily was too strong for her. The matter was referred by the Senate to the people, and on their decision the Mamertines were received into the Roman alliance. So began the first Punic war, or as Polybius calls it the war about Sicily. It is not necessary to follow it in detail. It is enough to give the leading events. The 22 years for which it lasted may be conveniently divided into three periods.

264—257 B.C. During this period the balance of success inclined to the Romans. They won over Hiero, took Agrigentum, constructed a fleet, and gained a victory—the victory of Duilius—over the Carthaginians on their own element at Mylae.

257—250 B.C. The Romans now formed more ambitious designs. Regulus sailed for Africa, and, after winning a great victory at Ecnomus on the way, landed and overran the Carthaginian territory. But the triumph of Regulus was short, and his defeat was followed by the wreck of the fleet which brought home the remnant of his troops, and soon after by the loss of a great part of another. These disasters were hardly counterbalanced by the capture of Panormus and the victory gained by Metellus under its walls.

250—241 B.C. The latter years of the war were mainly occupied by the sieges of Lilybaeum and Drepanum in the W. of Sicily. After the loss of two fleets destined for these enterprises the Romans endeavoured to carry on the war without a navy. In 247 B.C. Hamilcar Barca was appointed to command the Carthaginians in Sicily. For six years he prolonged the war, occupying first Mt Ercta then Mt Eryx, threatening Panormus from the former and harassing the besiegers of Lilybaeum from the latter. At length in 241 B.C. the Romans made a final effort. A fleet was raised by voluntary contributions, in command of which C. Lutatius Catulus won a victory off the Aegates insulae and terminated the war.

Hamilcar still unconquered descended from Mt Eryx to

arrange the terms of peace. It was agreed, 'subject to the approval of the Roman people', that Carthage should evacuate Sicily, restore the prisoners, engage not to make war on Hiero, and pay 2200 talents in 20 years. The terms were confirmed in substance. It was specified, as perhaps had been implied before, that 'Sicily' should include the islands round it, and the indemnity was raised to 3200 talents to be paid in ten years.

§ 11. The war was over, but not the troubles of Carthage. The mercenaries employed by her, who had now returned to Africa, impatient at not receiving their pay broke into revolt. The Libyans made common cause with them, the Carthaginian territory was overrun, and for a time Carthage itself was in danger. The war, which was carried on with unexampled ferocity and reduced Carthage to the extreme of exhaustion, was at length brought to a close by the ability of Hamilcar.

In the second year of the war the mercenaries in Sardinia also revolted, and appealed for assistance to Rome. At first the Romans refused, but when Carthage had brought the revolt in Africa to a close they changed their minds, and in answer to a second appeal proceeded to annex the island. The Carthaginians protested and prepared to sail thither themselves. This the Romans treated as a menace of hostilities, which they anticipated by declaring war. The Carthaginians were in no state to renew the struggle, and on the advice of Hamilcar himself they acquiesced in the cession of Sardinia and the payment of 1200 talents.

What wonder that Hamilcar was filled with the eternal hatred of Rome which he bequeathed to his son! He bided his time. In 237 B.C., a year after Sardinia was ceded, he crossed to Spain, there to develope the Carthaginian settlements into a new Carthaginian province which might serve as a basis of operations against Rome. What progress he and his successors made, and how his projects were eventually carried into execution, is described in the following book.

DATES OF THE PRINCIPAL EVENTS MENTIONED IN BOOK XXI.

B.C.		
241.	Victory of the Romans at the Aegates insulae. End of the first Punic war. Mercenary war breaks out in Africa.	
240.	The Mercenaries in Sardinia rise.	
238.	The Romans seize Sardinia and Corsica.	
237.	Hamilcar goes to Spain.	
232.		Flaminius tribune. Agrarian law.
229.	Hamilcar falls. Hasdrubal succeeds him.	First Illyrian war.
228.	New Carthage founded.	Teuta subdued.
226.	Roman alliance with the Saguntines.	
225.	Treaty of the Romans with Hasdrubal.	Rising of Gauls in Italy.
224.		Boii subdued.
222.		Insubres subdued.
221.	Hasdrubal murdered. Hannibal succeeds him. Campaigns against the Olcades.	
220.	Campaign against the Vaccaei and Carpetani.	
219.	Siege of Saguntum.	Second Illyrian war.
218.	Hannibal invades Italy.	Battles of Ticinus and Trebia.

T. LIVII

AB VRBE CONDITA

LIBER XXI.

[I.—XV. *The Carthaginians in Spain.* 237—219 B.C.]

I. Introduction. Why the Second Punic War is particularly memorable.

In parte operis mei licet mihi praefari, quod in principio 1
summae totius professi plerique sunt rerum
scriptores, bellum maxime omnium memorabile,
quae umquam gesta sint, me scripturum, quod
Hannibale duce Carthaginienses cum populo
Romano gessere. nam neque validiores opibus ullae inter 2
se civitates gentesque contulerunt arma, neque his ipsis
tantum umquam virium aut roboris fuit, et haud ignotas
belli artes inter sese sed expertas primo Punico conferebant
bello, et adeo varia fortuna belli ancepsque Mars fuit, ut
propius periculum fuerint, qui vicerunt. odiis etiam prope 3
maioribus certarunt quam viribus, Romanis indignantibus,
quod victoribus victi ultro inferrent arma, Poenis, quod
superbe avareque crederent inperitatum victis esse. fama 4
est etiam Hannibalem annorum ferme novem pueriliter
blandientem patri Hamilcari, ut duceretur in Hispaniam,
cum perfecto Africo bello exercitum eo traiecturus sacrificaret, altaribus admotum tactis sacris iure iurando adactum

se, cum primum posset, hostem fore populo Romano.
5 angebant ingentis spiritus virum Sicilia Sardiniaque amissae:
nam et Siciliam nimis celeri desperatione rerum concessam,
et Sardiniam inter motum Africae fraude Romanorum
stipendio etiam insuper inposito interceptam.

II. Hamilcar in Spain forms plans of war. He is succeeded by Hasdrubal, who makes a treaty with the Romans.

2 his anxius curis ita se Africo bello, quod fuit
sub recentem Romanam pacem, per quinque
annos, ita deinde novem annis in Hispania
2 augendo Punico imperio gessit, ut appareret
maius eum, quam quod gereret, agitare in animo bellum,
et, si diutius vixisset, Hamilcare duce Poenos arma Italiae
3 inlaturos fuisse, quae Hannibalis ductu intulerunt. mors
Hamilcaris peropportuna et pueritia Hannibalis distulerunt
bellum. medius Hasdrubal inter patrem ac filium octo
4 ferme annos imperium obtinuit, flore aetatis, uti ferunt,
primo Hamilcari conciliatus, gener inde ob aliam indolem
profecto animi adscitus, et, quia gener erat, factionis Barcinae
opibus, quae apud milites plebemque plus quam modicae
5 erant, haud sane voluntate principum in imperio positus. is
plura consilio quam vi gerens hospitiis magis regulorum
conciliandisque per amicitiam principum novis gentibus
6 quam bello aut armis rem Carthaginiensem auxit. ceterum
nihilo ei pax tutior fuit; barbarus eum quidam palam ob
iram interfecti ab eo domini obtruncat; conprensusque ab
circumstantibus haud alio, quam si evasisset, vultu, tormentis
quoque cum laceraretur eo fuit habitu oris, ut superante
7 laetitia dolores ridentis etiam speciem praebuerit. cum hoc
Hasdrubale, quia mirae artis in sollicitandis gentibus imperioque suo iungendis fuerat, foedus renovaverat populus
Romanus, ut finis utriusque imperii esset amnis Hiberus,
Saguntinisque mediis inter imperia duorum populorum libertas servaretur.

[I.—XV. *The Carthaginians in Spain.* 237—219 B.C.]

In Hasdrubalis locum haud dubia res fuit, quin prae- 3
rogativa militaris, qua extemplo iuvenis Hannibal in praetorium delatus imperatorque ingenti
omnium clamore atque adsensu appellatus erat,
* * favor plebis sequebatur. hunc vixdum 2
puberem Hasdrubal litteris ad se accersierat;

III. Hannibal succeeds Hasdrubal. [A digression. The debate on his first joining Hasdrubal.

actaque res etiam in senatu fuerat. Barcinis nitentibus, ut
adsuesceret militiae Hannibal atque in paternas succederet
opes, Hanno, alterius factionis princeps, 'et aecum postulare 3
videtur' inquit 'Hasdrubal, et ego tamen non censeo, quod
petit, tribuendum.' cum admiratione tam ancipitis sententiae 4
in se omnes convertisset, 'florem aetatis' inquit 'Hasdrubal,
quem ipse patri Hannibalis fruendum praebuit, iusto iure
eum a filio repeti censet; nos tamen minime decet iuventutem
nostram pro militari rudimento adsuefacere libidini praetorum. an hoc timemus, ne Hamilcaris filius nimis sero 5
imperia inmodica et regni paterni speciem videat, et, cuius
regis genero hereditarii sint relicti exercitus nostri, eius filio
parum mature serviamus? ego istum iuvenem domi tenendum 6
sub legibus, sub magistratibus docendum vivere aequo iure
cum ceteris censeo, ne quandoque parvus hic ignis incendium
ingens exsuscitet.' pauci ac ferme optimus 4
quisque Hannoni adsentiebantur; sed, ut ple-
rumque fit, maior pars meliorem vicit.

IV. Character of Hannibal.]

Missus Hannibal in Hispaniam primo statim adventu
omnem exercitum in se convertit; Hamilcarem iuvenem 2
redditum sibi veteres milites credere; eundem vigorem in
vultu vimque in oculis, habitum oris lineamentaque intueri.
dein brevi effecit, ut pater in se minimum momentum ad
favorem conciliandum esset; numquam ingenium idem ad 3
res diversissimas, parendum atque imperandum, habilius
fuit. itaque haud facile discerneres, utrum imperatori an

4 exercitui carior esset; neque Hasdrubal alium quemquam
praeficere malle, ubi quid fortiter ac strenue agendum esset,
5 neque milites alio duce plus confidere aut audere. plurimum
audaciae ad pericula capessenda, plurimum consilii inter
ipsa pericula erat. nullo labore aut corpus fatigari aut
6 animus vinci poterat. caloris ac frigoris patientia par; cibi
potionisque desiderio naturali, non voluptate modus finitus;
vigiliarum somnique nec die nec nocte discriminata tempora;
7 id quod gerendis rebus superesset quieti datum; ea neque
molli strato neque silentio accersita; multi saepe militari
sagulo opertum humi iacentem inter custodias stationesque
8 militum conspexerunt. vestitus nihil inter aequales excellens;
arma atque equi conspiciebantur. equitum peditumque
idem longe primus erat; princeps in proelium ibat, ultimus
9 conserto proelio excedebat. has tantas viri virtutes ingentia
vitia aequabant: inhumana crudelitas, perfidia plus quam
Punica, nihil veri, nihil sancti, nullus deum metus, nullum
10 ius iurandum, nulla religio. cum hac indole virtutum atque
vitiorum triennio sub Hasdrubale imperatore meruit nulla
re, quae agenda videndaque magno futuro duci esset, praetermissa.

5 Ceterum ex quo die dux est declaratus, velut Italia ei

V. Intending to attack Saguntum he reduces the tribes W. of the Ebro.

provincia decreta bellumque Romanum man-
2 datum esset, nihil prolatandum ratus, ne se
quoque, ut patrem Hamilcarem, deinde Hasdrubalem, cunctantem casus aliquis opprimeret,
3 Saguntinis inferre bellum statuit. quibus oppugnandis quia
haud dubie Romana arma movebantur, in Olcadum prius
fines—ultra Hiberum ea gens in parte magis quam in dicione
Carthaginiensium erat—induxit exercitum, ut non petisse
Saguntinos, sed rerum serie finitimis domitis gentibus
4 iungendoque tractus ad id bellum videri posset. Cartalam

urbem opulentam, caput gentis eius, expugnat diripitque;
quo metu perculsae minores civitates stipendio inposito
imperium accepere. victor exercitus opulentusque praeda
Carthaginem novam in hiberna est deductus. ibi large 5
partiendo praedam stipendioque praeterito cum fide ex-
solvendo cunctis civium sociorumque animis in se firmatis
vere primo in Vaccaeos promotum bellum. Hermandica et 6
Arbocala, eorum urbes, vi captae. Arbocala et virtute et
multitudine oppidanorum diu defensa; ab Hermandica 7
profugi exulibus Olcadum, priore aestate domitae gentis,
cum se iunxissent, concitant Carpetanos adortique Hanni- 8
balem regressum ex Vaccaeis haud procul Tago flumine,
agmen grave praeda turbavere. Hannibal proelio abstinuit 9
castrisque super ripam positis, cum prima quies silentiumque
ab hostibus fuit, amnem vado traiecit valloque ita producto,
ut locum ad transgrediendum hostes haberent, invadere eos
transeuntes statuit. equitibus praecepit, ut, cum ingressos 10
aquam viderent, adorirentur *in*peditum agmen, in ripa
elephantos—quadraginta autem erant—disponit. Carpeta- 11
norum cum adpendicibus Olcadum Vaccaeorumque centum
milia fuere, invicta acies, si aequo dimicaretur campo. itaque 12
et ingenio feroces et multitudine freti et, quod metu cessisse
credebant hostem, id morari victoriam rati, quod interesset
amnis, clamore sublato passim sine ullius imperio, qua cuique
proximum est, in amnem ruunt. et ex parte altera ripae vis 13
ingens equitum in flumen inmissa. medioque alveo haud- 14
quaquam pari certamine concursum, quippe ubi pedes instabilis ac vix vado fidens vel ab inermi equite equo temere
acto perverti posset, eques corpore armisque liber, equo vel
per medios gurgites stabili, comminus eminusque rem gereret.
pars magna flumine absumpta; quidam verticoso amni delati 15
in hostis ab elephantis obtriti sunt. postremi, quibus re- 16

gressus in suam ripam tutior fuit, ex varia trepidatione cum
in unum colligerentur, priusquam *a* tanto pavore reciperent
animos, Hannibal agmine quadrato amnem ingressus fugam
ex ripa fecit vastatisque agris intra paucos dies Carpetanos
17 quoque in deditionem accepit. et iam omnis trans Hiberum
praeter Saguntinos Carthaginiensium erant.

VI. The Saguntines alarmed at this ask Rome for help. News arrives that Saguntum is attacked. Envoys are sent with orders to go first to Hannibal then to Carthage.

6 Cum Saguntinis bellum nondum erat, ceterum iam belli
causa certamina cum finitimis serebantur, maxi-
2 me Turdetanis. quibus cum adesset idem, qui
litis erat sator, nec certamen iuris sed vim
quaeri appareret, legati a Saguntinis Romam
missi auxilium ad bellum iam haud dubie in-
3 minens orantes. consules tunc Romae erant
P. Cornelius Scipio et Ti. Sempronius Longus.
qui cum legatis in senatum introductis de re
publica rettulissent, placuissetque mitti legatos in Hispaniam
4 ad res sociorum inspiciendas, quibus si videretur digna
causa, et Hannibali denuntiarent, ut ab Saguntinis, sociis
populi Romani, abstineret, et Carthaginem in Africam traicerent ac sociorum populi Romani querimonias deferrent,—
5 hac legatione decreta necdum missa omnium spe celerius
Saguntum oppugnari adlatum est. tunc relata de integro
6 res ad senatum; et alii provincias consulibus Hispaniam
atque Africam decernentes terra marique rem gerendam
censebant, alii totum in Hispaniam Hannibalemque intende-
7 bant bellum; erant, qui non temere movendam rem tantam
8 expectandosque ex Hispania legatos censerent. haec sententia, quae tutissima videbatur, vicit; legatique eo maturius missi, P. Valerius Flaccus et Q. Baebius Tamphilus,
Saguntum ad Hannibalem atque inde Carthaginem, si non
absisteretur bello, ad ducem ipsum in poenam foederis rupti
deposcendum.

Dum ea Romani parant consultantque, iam Saguntum 7
summa vi oppugnabatur. civitas ea longe 2
opulentissima ultra Hiberum fuit, sita passus
mille ferme a mari. oriundi a Zacyntho insula
dicuntur, mixtique etiam ab Ardea Rutulorum

VII. Saguntum is attacked, at first with small success. Hannibal is wounded.

quidam generis; ceterum in tantas brevi creverant opes seu 3
maritimis seu terrestribus fructibus seu multitudinis in-
cremento seu disciplinae sanctitate, qua fidem socialem
usque ad perniciem suam coluerunt. Hannibal infesto 4
exercitu ingressus fines pervastatis passim agris urbem tripertito adgreditur. angulus muri erat in planiorem patenti- 5
oremque quam cetera circa vallem vergens. adversus eum
vineas agere instituit, per quas aries moenibus admoveri
posset. sed ut locus procul muro satis aequus agendis 6
vineis fuit, ita haudquaquam prospere, postquam ad effectum
operis ventum est, coeptis succedebat. et turris ingens 7
inminebat, et murus, ut in suspecto loco, supra ceterae
modum altitudinis emunitus erat, et iuventus delecta, ubi
plurimum periculi ac timoris ostendebatur, ibi vi maiore
obsistebant. ac primo missilibus submovere hostem nec 8
quicquam satis tutum munientibus pati; deinde iam non
pro moenibus modo atque turri tela micare, sed ad erumpendum etiam in stationes operaque hostium animus erat;
quibus tumultuariis certaminibus haud ferme plures Sagun- 9
tini cadebant quam Poeni. ut vero Hannibal ipse, dum 10
murum incautius subit, adversum femur tragula graviter ictus
cecidit, tanta circa fuga ac trepidatio fuit, ut non multum
abesset, quin opera ac vineae desererentur.

Obsidio deinde per paucos dies magis quam oppugnatio 8
fuit, dum vulnus ducis curaretur. per quod
tempus ut quies certaminum erat, ita ab apparatu operum ac munitionum nihil cessatum.

VIII. The assault is renewed. Four towers fall, and there is an

obstinate conflict at the breach. The Saguntines find the phalarica useful.

2 itaque acrius de integro coortum est bellum,
pluribusque partibus, vix accipientibus quibusdam opera locis, vineae coeptae agi admoveri-
3 que aries. abundabat multitudine hominum
Poenus; ad centum quinquaginta milia habuisse in armis
4 satis creditur; oppidani ad omnia tuenda atque obeunda
5 multifariam distineri coepti non sufficiebant. itaque iam
feriebantur arietibus muri, quassataeque multae partes erant;
una continentibus ruinis nudaverat urbem; tres deinceps
turres quantumque inter eas muri erat cum fragore ingenti
6 prociderant. captum oppidum ea ruina crediderant Poeni;
qua, velut si pariter utrosque murus texisset, ita utrimque in
7 pugnam procursum est. nihil tumultuariae pugnae simile
erat, quales in oppugnationibus urbium per occasionem
partis alterius conseri solent, sed iustae acies velut patenti
campo inter ruinas muri tectaque urbis modico distantia
8 intervallo constiterant. hinc spes, hinc desperatio animos
inritat, Poeno cepisse iam se urbem, si paulum adnitatur,
credente, Saguntinis pro nudata moenibus patria corpora
opponentibus, nec ullo pedem referente, ne in relictum a se
9 locum hostem inmitteret. itaque quo acrius et confertim
magis utrimque pugnabant, eo plures vulnerabantur nullo
10 inter arma corporaque vano intercidente telo. phalarica
erat Saguntinis missile telum hastili abiegno et cetera tereti
praeterquam ad extremum, unde ferrum extabat; id, sicut
in pilo, quadratum stuppa circumligabant linebantque
11 pice; ferrum autem tres longum habebat pedes, ut cum
armis transfigere corpus posset. sed id maxime, etiam
12 si haesisset in scuto nec penetrasset in corpus, pavorem
faciebat, quod, cum medium accensum mitteretur con-
ceptumque ipso motu multo maiorem ignem ferret, arma
omitti cogebat nudumque militem ad insequentes ictus

praebebat. cum diu anceps fuisset certamen, et Saguntinis, 9
quia praeter spem resisterent, crevissent animi,
Poenus, quia non vicisset, pro victo esset, 2
clamorem repente oppidani tollunt hostemque
in ruinas muri expellunt, inde inpeditum tre-
pidantemque exturbant, postremo fusum fuga-
tumque in castra redigunt.

IX. The Carthaginians are driven back, when the Roman envoys arrive. Hannibal refuses to see them, and writes to warn his partisans.

Interim ab Roma legatos venisse nuntiatum 3
est. quibus obviam ad mare missi ab Hannibale, qui dicerent
nec tuto eos adituros inter tot tam effrenatarum gentium
arma, nec Hannibali in tanto discrimine rerum operae esse
legationes audire. apparebat non admissos protinus Cartha- 4
ginem ituros. litteras igitur nuntiosque ad principes factionis
Barcinae praemittit, ut praepararent suorum animos, ne quid
pars altera gratificari populo Romano posset.

X. The Envoys at Carthage. Hanno recommends the surrender of Hannibal.

itaque, praeterquam quod admissi auditique 10
sunt, ea quoque vana atque inrita legatio fuit.
Hanno unus adversus senatum causam foederis 2
magno silentio propter auctoritatem suam, *non*
cum adsensu audientium egit, per deos foederum arbitros ac 3
testes senatum obtestans, ne Romanum cum Saguntino
suscitarent bellum: monuisse, praedixisse se, ne Hamilcaris
progeniem ad exercitum mitterent; non manes, non stirpem
eius conquiescere viri, nec umquam, donec sanguinis nomi-
nisque Barcini quisquam supersit, quietura Romana foedera.
'iuvenem flagrantem cupidine regni viamque unam ad id 4
cernentem, si ex bellis bella serendo succinctus armis
legionibusque vivat, velut materiam igni praebentes ad exercitus misistis. aluistis ergo hoc incendium, quo nunc ardetis.
Saguntum vestri circumsedent exercitus, unde arcentur foe- 5
dere; mox Carthaginem circumsedebunt Romanae legiones
ducibus iisdem dis, per quos priore bello rupta foedera sunt

6 ulti. utrum hostem an vos an fortunam utriusque populi
ignoratis? legatos ab sociis et pro sociis venientes bonus
imperator vester in castra non admisit, ius gentium sustulit;
hi tamen, unde ne hostium quidem legati arcentur, pulsi ad
nos venerunt; res ex foedere repetunt; ut publica fraus
7 absit, auctorem culpae et reum criminis deposcunt. quo
lenius agunt, segnius incipiunt, eo, cum coeperint, vereor ne
perseverantius saeviant. Aegatis insulas Erycemque ante
oculos proponite, quae terra marique per quattuor et viginti
8 annos passi sitis. nec puer hic dux erat, sed pater ipse
Hamilcar, Mars alter, ut isti volunt. sed Tarento, id est
Italia, non abstinueramus ex foedere, sicut nunc Sagunto
9 non abstinemus. vicerunt ergo di homines, et id, de quo
verbis ambigebatur, uter populus foedus rupisset, eventus
belli velut aecus iudex, unde ius stabat, ei victoriam dedit.
10 Carthagini nunc Hannibal vineas turresque admovet; Carthaginis moenia quatit ariete; Sagunti ruinae—falsus utinam
vates sim—nostris capitibus incident, susceptumque cum
11 Saguntinis bellum habendum cum Romanis est. dedemus
ergo Hannibalem? dicet aliquis. scio meam levem esse in
eo auctoritatem propter paternas inimicitias; sed et Hamilcarem eo perisse laetatus sum, quod, si ille viveret, bellum
iam haberemus cum Romanis, et hunc iuvenem tamquam
12 furiam facemque huius belli odi ac detestor; nec dedendum
solum ad piaculum rupti foederis, sed, si nemo deposcat,
devehendum in ultimas maris terrarumque oras, ablegandum
eo, unde nec ad nos nomen famaque eius accidere neque
13 ille sollicitare quietae civitatis statum possit. ego ita censeo,
legatos extemplo Romam mittendos, qui senatui satis-
faciant; alios, qui Hannibali nuntient, ut exercitum ab
Sagunto abducat, ipsumque Hannibalem ex foedere Romanis dedant; tertiam legationem ad res Saguntinis red-

dendas decerno.' cum Hanno perorasset, nemini omnium 11
certare oratione cum eo necesse fuit; adeo
prope omnis senatus Hannibalis erat, infestius-
que locutum arguebant Hannonem quam Flaccum Valerium legatum Romanum. responsum 2
inde legatis Romanis est bellum ortum ab Saguntinis, non ab Hannibale esse; populum
Romanum iniuste facere, si Saguntinos vetustissimae Carthaginiensium societati praeponat.

XI. But in vain. Hannibal renews the attack on Saguntum. Another breach is made. The Carthaginians occupy and fortify part of the city.

Dum Romani tempus terunt legationibus mittendis, 3
Hannibal, quia fessum militem proeliis operibusque habebat, paucorum iis dierum quietem dedit stationibus ad
custodiam vinearum aliorumque operum dispositis. interim
animos eorum nunc ira, in hostes stimulando, nunc spe
praemiorum accendit. ut vero pro contione praedam captae 4
urbis edixit militum fore, adeo accensi omnes sunt, ut, si
extemplo signum datum esset, nulla vi resisti videretur
posse. Saguntini, ut a proeliis quietem habuerant, nec 5
lacessentes nec lacessiti per aliquot dies, ita non nocte, non
die umquam cessaverant ab opere, ut novum murum ab ea
parte, qua patefactum oppidum ruinis erat, reficerent. inde 6
oppugnatio eos aliquanto atrocior quam ante adorta est,
nec, qua primum aut potissimum parte ferrent opem, cum
omnia variis clamoribus streperent, satis scire poterant.
ipse Hannibal, qua turris mobilis omnia munimenta urbis 7
superans altitudine agebatur, hortator aderat. quae cum
admota catapultis ballistisque per omnia tabulata dispositis
muros defensoribus nudasset, tum Hannibal occasionem 8
ratus quingentos ferme Afros cum dolabris ad subruendum
ab imo murum mittit. nec erat difficile opus, quod caementa
non calce durata erant, sed interlita luto structurae antiquae
genere. itaque latius, quam qua caederetur, ruebat, perque 9

10 patentia ruinis agmina armatorum in urbem vadebant. locum
quoque editum capiunt, conlatisque eo catapultis ballistisque,
ut castellum in ipsa urbe velut arcem inminentem haberent,
muro circumdant; et Saguntini murum interiorem ab non-
11 dum capta parte urbis ducunt. utrimque summa vi et
muniunt et pugnant; sed interiora tuendo minorem in dies
12 urbem Saguntini faciunt. simul crescit inopia omnium longa
obsidione et minuitur expectatio externae opis, cum tam
procul Romani, unica spes, circa omnia hostium essent.
13 paulisper tamen adfectos animos recreavit repentina profectio
Hannibalis in Oretanos Carpetanosque, qui duo populi
dilectus acerbitate consternati, retentis conquisitoribus metum defectionis cum praebuissent, oppressi celeritate Han-
12 nibalis omiserunt mota arma. nec Sagunti oppugnatio

XII. In the absence of Hannibal further progress is made. On his return part of the citadel is taken. Alco vainly attempts to make terms and remains with Hannibal. Alorcus enters Saguntum.

segnior erat, Maharbale Himilconis filio—eum
praefecerat Hannibal—ita inpigre rem agente,
ut ducem abesse nec cives nec hostes sentirent.
2 is et proelia aliquot secunda fecit et tribus
arietibus aliquantum muri discussit, strataque
omnia recentibus ruinis advenienti Hannibali
3 ostendit. itaque ad ipsam arcem extemplo
ductus exercitus, atroxque proelium cum multorum utrimque caede initum, et pars arcis
capta est.

Temptata deinde per duos est exigua pacis spes, Alconem
4 Saguntinum et Alorcum Hispanum. Alco insciis Saguntinis,
precibus aliquid moturum ratus, cum ad Hannibalem noctu
transisset, postquam nihil lacrimae movebant, condicionesque
tristes ut ab irato victore ferebantur, transfuga ex oratore
factus apud hostem mansit, moriturum adfirmans, qui sub
5 condicionibus iis de pace ageret. postulabatur autem, redderent res Turdetanis, traditoque omni auro atque argento

egressi urbe cum singulis vestimentis ibi habitarent, ubi
Poenus iussisset. has pacis leges abnuente Alcone accep- 6
turos Saguntinos, Alorcus, vinci animos, ubi alia vincantur,
adfirmans, se pacis eius interpretem fore pollicetur; erat
autem tum miles Hannibalis, ceterum publice Saguntinis
amicus atque hospes. tradito palam telo custodibus hostium, 7
transgressus munimenta ad praetorem Saguntinum—et ipse
ita iubebat—est deductus. quo cum extemplo concursus 8
omnis generis hominum esset factus, submota cetera multitudine senatus Alorco datus est, cuius talis oratio fuit. 'si 13

XIII. And recommends acceptance of Hannibal's terms.

civis vester Alco, sicut ad pacem petendam ad
Hannibalem venit, ita pacis condiciones ab
Hannibale ad vos rettulisset, supervacaneum
hoc mihi fuisset iter, quo nec orator Hannibalis nec transfuga
ad vos veni; sed cum ille aut vestra aut sua culpa manserit 2
apud hostem—sua, si metum simulavit, vestra, si periculum
est apud vos vera referentibus,—ego, ne ignoraretis esse
aliquas et salutis et pacis vobis condiciones, pro vetusto
hospitio, quod mihi vobiscum est, ad vos veni. vestra autem 3
causa me nec ullius alterius loqui, quae loquor apud vos, vel
ea fides sit, quod neque, dum vestris viribus restitistis, neque,
dum auxilia ab Romanis sperastis, pacis umquam apud vos
mentionem feci. postquam nec ab Romanis vobis ulla est 4
spes, nec vestra vos iam aut arma aut moenia satis defen-
dunt, pacem adfero ad vos magis necessariam quam aequam.
cuius ita aliqua spes est, si eam, quem ad modum ut victor 5
fert Hannibal, sic vos ut victi audietis, et non id, quod
amittitur, in damno, cum omnia victoris sint, sed quidquid
relinquitur pro munere habituri estis. urbem vobis, quam 6
ex magna parte dirutam, captam fere totam habet, adimit,
agros relinquit locum adsignaturus, in quo novum oppidum
aedificetis. aurum et argentum omne, publicum privatum-

7 que, ad se iubet deferri; corpora vestra, coniugum ac liber-
orum vestrorum servat inviolata, si inermes cum binis vestimentis velitis ab Sagunto exire. haec victor hostis imperat;
8 haec, quamquam sunt gravia atque acerba, fortuna vestra
vobis suadet. equidem haud despero, cum omnium potestas
9 ei facta sit, aliquid ex his [rebus] remissurum; sed vel haec
patienda censeo potius, quam trucidari corpora vestra, rapi
trahique ante ora vestra coniuges ac liberos belli iure
sinatis.'

XIV. Hannibal takes advantage of a moment of confusion, and captures the city.

14 Ad haec audienda cum circumfusa paulatim multitudine
permixtum senatui esset populi concilium, repente primores secessione facta, priusquam
responsum daretur, argentum aurumque omne
ex publico privatoque in forum conlatum in
ignem ad id raptim factum conicientes, eodem plerique
2 semet ipsi praecipitaverunt. cum ex eo pavor ac trepidatio
totam urbem pervasisset, alius insuper tumultus ex arce
auditur. turris diu quassata prociderat, perque ruinam eius
cohors Poenorum impetu facto cum signum imperatori
dedisset nudatam stationibus custodiisque solitis hostium
3 esse urbem, non cunctandum in tali occasione ratus Hannibal, totis viribus adgressus urbem momento cepit signo
dato, ut omnes puberes interficerentur. quod imperium
crudele, ceterum prope necessarium cognitum ipso eventu
4 est; cui enim parci potuit ex iis, qui aut inclusi cum coniugibus ac liberis domos super se ipsos concremaverunt aut
armati nullum ante finem pugnae quam morientes fecerunt?

XV. The duration and date of the siege discussed.

15 captum oppidum est cum ingenti praeda.
quamquam pleraque ab dominis de industria
corrupta erant, et in caedibus vix ullum dis-
2 crimen aetatis ira fecerat, et captivi militum praeda fuerant,
tamen et ex pretio rerum venditarum aliquantum pecuniae

redactum esse constat et multam pretiosam supellectilem
vestemque missam Carthaginem.
Octavo mense, quam coeptum oppugnari, captum Sa- 3
guntum quidam scripsere; inde Carthaginem novam in
hiberna Hannibalem concessisse; quinto deinde mense,
quam ab Carthagine profectus sit, in Italiam pervenisse.
quae si ita sunt, fieri non potuit, ut P. Cornelius Ti. Sem- 4
pronius consules fuerint, ad quos et principio oppugnationis
legati Saguntini missi sint, et qui in suo magistratu cum
Hannibale, alter ad Ticinum amnem, ambo aliquanto post
ad Trebiam, pugnaverint. aut omnia breviora aliquanto 5
fuere, aut Saguntum principio anni, quo P. Cornelius Ti.
Sempronius consules fuerunt, non coeptum oppugnari est,
sed captum. nam excessisse pugna ad Trebiam in annum 6
Cn. Servili et C. Flamini non potest, quia C. Flaminius
Arimini consulatum iniit, creatus a Ti. Sempronio consule,
qui post pugnam ad Trebiam ad creandos consules Romam
cum venisset, comitiis perfectis ad exercitum in hiberna
rediit.

[XVI.—XXII. 4. *The preparations for war.*]

Sub idem fere tempus et legati, qui redierant ab Car- 16
thagine, Romam rettulerunt omnia hostilia
esse, et Sagunti excidium nuntiatum est; tan- 2
tusque simul maeror patres misericordiaque
sociorum peremptorum indigne et pudor non
lati auxilii et ira in Carthaginienses metusque de summa
rerum cepit, velut si iam ad portas hostis esset, ut tot uno
tempore motibus animi turbati trepidarent magis quam con-
sulerent; nam neque hostem acriorem bellicosioremque 3
secum congressum, nec rem Romanam tam desidem umquam
fuisse atque inbellem. Sardos Corsosque et Histros atque 4

XVI. Alarm and indignation at Rome on the news of the fall of Saguntum.

Illyrios lacessisse magis quam exercuisse Romana arma, et
5 cum Gallis tumultuatum verius quam belligeratum; Poenum
hostem veteranum, trium et viginti annorum militia durissima
inter Hispanas gentes semper victorem, duci acerrimo adsuetum, recentem ab excidio opulentissimae urbis, Hiberum
transire; trahere secum tot excitos Hispanorum populos;
6 conciturum avidas semper armorum Gallicas gentes; cum
orbe terrarum bellum gerendum in Italia ac pro moenibus
Romanis esse.

17 Nominatae iam antea consulibus provinciae erant; tum
sortiri iussi. Cornelio Hispania, Sempronio
2 Africa cum Sicilia evenit. sex in eum annum
decretae legiones et socium quantum ipsis
3 videretur, et classis quanta parari posset. quattuor et viginti peditum Romanorum milia
scripta et mille octingenti equites, sociorum
quadraginta milia peditum, quattuor milia et
quadringenti equites; naves ducentae viginti
4 quinqueremes, celoces viginti deducti. latum inde ad populum, vellent iuberent populo Carthaginiensi bellum indici;
eiusque belli causa supplicatio per urbem habita atque
adorati di, ut bene ac feliciter eveniret quod bellum populus
5 Romanus iussisset. inter consules ita copiae divisae: Sempronio datae legiones duae—ea quaterna milia erant peditum
et treceni equites—et sociorum sedecim milia peditum,
equites mille octingenti, naves longae centum sexaginta,
6 celoces duodecim. cum his terrestribus maritimisque copiis
Ti. Sempronius missus in Siciliam, ita in Africam transmissurus, si ad arcendum Italia Poenum consul alter satis
7 esset. Cornelio minus copiarum datum, quia L. Manlius
praetor et ipse cum haud invalido praesidio in Galliam
8 mittebatur; navium maxime Cornelio numerus deminutus:

XVII. The Romans prepare for war. They destine one consul, Scipio, for Spain, send the other, Sempronius, to Sicily, and a prætor, Manlius, to Cisalpine Gaul.

sexaginta quinqueremes datae—neque enim mari venturum
aut ea parte belli dimicaturum hostem credebant—et duae
Romanae legiones cum suo iusto equitatu et quattuordecim
milibus sociorum peditum, equitibus mille sescentis. duas 9
legiones Romanas et decem milia sociorum peditum, mille
equites socios, sescentos Romanos Gallia provincia eodem
versa in Punicum bellum habuit.

XVIII. They send envoys to Carthage to declare war if Carthage acknowledges Hannibal's action. War is declared.

His ita conparatis, ut omnia iusta ante bellum fierent, 18
legatos maiores natu, Q. Fabium, M. Livium,
L. Aemilium, C. Licinium, Q. Baebium, in
Africam mittunt ad percunctandos Carthaginienses, publicone consilio Hannibal Saguntum
oppugnasset, et, si, id quod facturi videbantur, 2
faterentur ac defenderent publico consilio factum, ut indicerent populo Carthaginiensi bellum. Romani 3
postquam Carthaginem venerunt, cum senatus datus esset,
et Q. Fabius nihil ultra quam unum, quod mandatum erat,
percunctatus esset, tum ex Carthaginiensibus unus: 'praeceps 4
vestra, Romani, et prior legatio fuit, cum Hannibalem tamquam suo consilio Saguntum oppugnantem deposcebatis;
ceterum haec legatio verbis adhuc lenior est, re asperior.
tunc enim Hannibal et insimulabatur et deposcebatur; nunc 5
ab nobis et confessio culpae exprimitur, et ut a confessis res
extemplo repetuntur. ego autem non, privato publicone 6
consilio Saguntum oppugnatum sit, quaerendum censeam,
sed utrum iure an iniuria; nostra enim haec quaestio atque 7
animadversio in civem nostrum est, quid nostro aut suo
fecerit arbitrio; vobiscum una disceptatio est, licueritne per
foedus fieri. itaque, quoniam discerni placet quid publico 8
consilio quid sua sponte imperatores faciant, nobis vobiscum
foedus est a C. Lutatio consule ictum, in quo cum caveretur
utrorumque sociis, nihil de Saguntinis—necdum enim erant

9 socii vestri—cautum est. at enim eo foedere, quod cum
Hasdrubale ictum est, Saguntini excipiuntur. adversus quod
10 ego nihil dicturus sum, nisi quod a vobis didici. vos enim,
quod C. Lutatius consul primo nobiscum foedus icit, quia
neque auctoritate patrum nec populi iussu ictum erat,
negastis vos eo teneri; itaque aliud de integro foedus publico
11 consilio ictum est. si vos non tenent foedera vestra nisi ex
auctoritate aut iussu vestro icta, ne nos quidem Hasdrubalis
12 foedus, quod nobis insciis icit, obligare potuit. proinde
omittite Sagunti atque Hiberi mentionem facere, et, quod
13 diu parturit animus vester, aliquando pariat.' tum Romanus
sinu ex toga facto 'hic' inquit 'vobis bellum et pacem portamus:
utrum placet, sumite.' sub hanc vocem haud minus
14 ferociter, daret, utrum vellet, subclamatum est; et cum is
iterum sinu effuso bellum dare dixisset, accipere se omnes
responderunt et, quibus acciperent animis, iisdem se gesturos.

XIX. [A justification of the Roman view that treaties were broken by the attack on Saguntum.] The envoys meet with small success in Spain, whither they proceed,

19 Haec derecta percunctatio ac denuntiatio belli magis ex
dignitate populi Romani visa est quam de foederum iure verbis disceptare cum ante, tum
2 maxime Sagunto excisa. nam si verborum
disceptationis res esset, quid foedus Hasdrubalis cum Lutati priore foedere, quod mutatum
3 est, conparandum erat cum in Lutati foedere
diserte additum esset ita id ratum fore, si
populus censuisset, in Hasdrubalis foedere nec
exceptum tale quicquam fuerit, et tot annorum silentio ita
vivo eo conprobatum sit foedus, ut ne mortuo quidem auctore
4 quicquam mutaretur? quamquam, etsi priore foedere staretur,
satis cautum erat Saguntinis, sociis utrorumque exceptis;
nam neque additum erat 'iis, qui tunc essent' nec 'ne qui
5 postea adsumerentur'; et cum adsumere novos liceret socios,

quis aecum censeret aut ob nulla quemquam merita in amicitiam recipi, aut receptos in fidem non defendi, tantum ne
Carthaginiensium socii aut sollicitarentur ad defectionem aut
sua sponte desciscentes reciperentur?

Legati Romani ab Carthagine, sicut iis Romae imperatum 6
erat, in Hispaniam, ut adirent civitates et in societatem per-
licerent aut averterent a Poenis, traiecerunt. ad Bargusios 7
primum venerunt; a quibus benigne excepti, quia taedebat
imperii Punici, multos trans Hiberum populos ad cupidinem
novae fortunae erexerunt. ad Volcianos inde est ventum, 8
quorum celebre per Hispaniam responsum ceteros populos
ab societate Romana avertit. ita enim maximus natu ex iis 9
in concilio respondit: 'quae verecundia est, Romani, postulare vos, uti vestram Carthaginiensium amicitiae praepo-
namus, cum, qui id fecerunt, crudelius quam Poenus hostis
perdidit, vos socii prodideritis? ibi quaeratis socios, censeo, 10
ubi Saguntina clades ignota est; Hispanis populis sicut
lugubre ita insigne documentum Sagunti ruinae erunt, ne
quis fidei Romanae aut societati confidat.' inde extemplo 11
abire finibus Volcianorum iussi ab nullo deinde concilio
Hispaniae benigniora verba tulere. ita nequiquam peragrata
Hispania in Galliam transeunt.

XX. and still less in Gaul, except at Massilia.

In his nova terribilisque species visa est, quod armati— 20
ita mos gentis erat—in concilium venerunt.
cum verbis extollentes gloriam virtutemque 2
populi Romani ac magnitudinem imperii pe-
tissent, ne Poeno bellum Italiae inferenti per agros urbesque
suas transitum darent, tantus cum fremitu risus dicitur ortus, 3
ut vix a magistratibus maioribusque natu iuventus sedaretur;
adeo stolida inpudensque postulatio visa est censere, ne in 4
Italiam transmittant Galli bellum, ipsos id avertere in se
agrosque suos pro alienis populandos obicere. sedato tan- 5

dem fremitu responsum legatis est neque Romanorum in se
meritum esse neque Carthaginiensium iniuriam, ob quae aut
6 pro Romanis aut adversus Poenas sumant arma; contra ea
audire sese gentis suae homines agro finibusque Italiae pelli
a populo Romano stipendiumque pendere et cetera indigna
7 pati. eadem ferme in ceteris Galliae conciliis dicta audita-
que; nec hospitale quicquam pacatumve satis prius auditum
8 quam Massiliam venere. ibi omnia ab sociis, inquisita cum
cura ac fide, cognita: praeoccupatos iam ante ab Hannibale
Gallorum animos esse; sed ne illi quidem ipsi satis mitem
gentem fore—adeo ferocia atque indomita ingenia esse—, ni
subinde auro, cuius avidissima gens est, principum animi
9 concilientur. ita peragratis Hispaniae et Galliae populis
legati Romam redeunt haud ita multo post quam consules
in provincias profecti erant. civitatem omnem expectatione
belli erectam invenerunt satis constante fama iam Hiberum
Poenos tramisisse.

XXI. Hannibal prepares for war. He orders his troops to assemble at New Carthage in the spring; and arranges for the defence of Africa,

21 Hannibal Sagunto capto Carthaginem novam in hiberna
concesserat ibique auditis, quae Romae quaeque Carthagine acta decretaque forent, seque
non ducem solum sed etiam causam esse belli,
2 partitis divenditisque reliquiis praedae nihil
ultra differendum ratus, Hispani generis milites
3 convocat. 'credo ego vos' inquit, 'socii, et
ipsos cernere pacatis omnibus Hispaniae populis aut finien-
dam nobis militiam exercitusque dimittendos esse aut in alias
4 terras transferendum bellum; ita enim hae gentes non pacis
solum sed etiam victoriae bonis florebunt, si ex aliis gentibus
5 praedam et gloriam quaeremus. itaque cum longinqua a
domo instet militia, incertumque sit, quando domos vestras
et quae cuique ibi cara sunt visuri sitis, si quis vestrum suos
6 invisere volt, commeatum do. primo vere edico adsitis, ut

dis bene iuvantibus bellum ingentis gloriae praedaeque futurum incipiamus.' omnibus fere visendi domos oblata ultro 7
potestas grata erat et iam desiderantibus suos et longius in
futurum providentibus desiderium. per totum tempus hiemis 8
quies inter labores aut iam exhaustos aut mox exhauriendos
renovavit corpora animosque ad omnia de integro patienda,
vere primo ad edictum convenere.

Hannibal, cum recensuisset omnium gentium auxilia, 9
Gadis profectus Herculi vota exsolvit novisque se obligat
votis, si cetera prospere evenissent. inde partiens curas 10
simul *in* inferendum atque arcendum bellum, ne, dum ipse
terrestri per Hispaniam Galliasque itinere Italiam peteret,
nuda apertaque Romanis Africa ab Sicilia esset, valido
praesidio firmare eam statuit. pro eo supplementum ipse ex 11
Africa maxime iaculatorum, levium armis, petiit, ut Afri in
Hispania, *Hispani* in Africa, melior procul ab domo futurus
uterque miles, velut mutuis pigneribus obligati stipendia
facerent. tredecim milia octingentos quinquaginta pedites 12
caetratos misit in Africam et funditores Baliares octingentos
septuaginta, equites mixtos ex multis gentibus mille ducentos.
has copias partim Carthagini praesidio esse, partim distribui 13
per Africam iubet. simul conquisitoribus in civitates missis
quattuor milia conscripta delectae iuventutis, praesidium
eosdem et obsides, duci Carthaginem iubet. neque Hispa- 22
niam neglegendam ratus, atque id eo minus,
quod haud ignarus erat circumitam ab Romanis eam legatis ad sollicitandos principum
animos, Hasdrubali fratri, viro inpigro, eam 2
provinciam destinat firmatque Africis maxime praesidiis,
peditum Afrorum undecim milibus octingentis quinquaginta,
Liguribus trecentis, Baliaribus *quingentis*. ad haec peditum 3
auxilia additi equites Libyphoenices, mixtum Punicum Afris

XXII. 1—4. and of Spain, which he entrusts to Hasdrubal.

[XVI.—XXII. 4. *The preparations for war.*]

genus, quadringenti *quinquaginta* et Numidae Maurique, accolae Oceani, ad mille octingenti et parva Ilergetum manus ex Hispania, trecenti equites, et, ne quod terrestris
4 deesset auxilii genus, elephanti viginti unus. classis praeterea data ad tuendam maritumam oram, quia, qua parte belli vicerant, ea tum quoque rem gesturos Romanos credi poterat, quinquaginta quinqueremes, quadriremes duae, triremes quinque; sed aptae instructaeque remigio triginta et duae quinqueremes erant et triremes quinque.

[XXII. 5—XXIV. *The march begun. New Carthage to the Pyrenees.*]

XXII. 5—9. Hannibal marches from New Carthage to the Ebro, where he sees a vision.

5 Ab Gadibus Carthaginem ad hiberna exercitus redit; atque inde profectus praeter Onussam urbem
6 ad Hiberum marituma ora ducit. ibi fama est in quiete visum ab eo iuvenem divina specie, qui se ab Iove diceret ducem in Italiam Hannibali missum; proinde sequeretur neque us-
7 quam a se deflecteret oculos. pavidum primo nusquam circumspicientem aut respicientem secutum; deinde, cura ingenii humani, cum, quidnam id esset, quod respicere vetitus esset, agitaret animo, temperare oculis nequivisse;
8 tum vidisse post sese serpentem mira magnitudine cum ingenti arborum ac virgultorum strage ferri, ac post insequi
9 cum fragore caeli nimbum. tum, quae moles ea quidve prodigii esset, quaerentem audisse vastitatem Italiae esse: pergeret porro ire nec ultra inquireret sineretque fata in occulto esse.

XXIII. Thence he proceeds to the Pyrenees, leaving

23 Hoc visu laetus tripertito Hiberum copias traiecit praemissis, qui Gallorum animos, qua traducendus exercitus erat, donis conciliarent Alpiumque transitus specularentur. nonaginta milia pedi-

Hanno in charge of the country. He loses 3000 troops by desertion, and dismisses 7000 more.

tum, duodecim milia equitum Hiberum tra-
duxit. Ilergetes inde Bargusiosque et Ause- 2
tanos et Lacetaniam, quae subiecta Pyrenaeis
montibus est, subegit oraeque huic omni prae-
fecit Hannonem, ut fauces, quae Hispanias Galliis iungunt,
in potestate essent. decem milia peditum Hannoni ad prae- 3
sidium obtinendae regionis data et mille equites. postquam 4
per Pyrenaeum saltum traduci exercitus est coeptus, rumor-
que per barbaros manavit certior de bello Romano, tria milia
inde Carpetanorum peditum iter averterunt. constabat non
tam bello motos quam longinquitate viae inexsuperabilique
Alpium transitu. Hannibal, quia revocare aut vi retinere 5
eos anceps erat, ne ceterorum etiam feroces animi inritaren-
tur, supra septem milia hominum domos remisit, quos et
ipsos gravari militia senserat, Carpetanos quoque ab se
dimissos simulans. inde, ne mora atque otium 24

XXIV. He crosses the Pyrenees and conciliates the Gauls assembled at Ruscino.

animos sollicitaret, cum reliquis copiis Pyrenaeum transgreditur et ad oppidum Iliberri
castra locat. Galli, quamquam Italiae bellum 2
inferri audiebant, tamen, quia vi subactos trans
Pyrenaeum Hispanos fama erat praesidiaque valida inposita,
metu servitutis ad arma consternati Ruscinonem aliquot
populi conveniunt. quod ubi Hannibali nuntiatum est, 3
moram magis quam bellum metuens oratores ad regulos
eorum misit: conloqui semet ipsum cum iis velle, et vel illi
propius Iliberrim accederent, vel se Ruscinonem proces-
surum, ut ex propinquo congressus facilior esset; nam et 4
accepturum eos in castra sua se laetum nec cunctanter se
ipsum ad eos venturum; hospitem enim se Galliae, non
hostem advenisse nec stricturum ante gladium, si per Gallos
liceat, quam in Italiam venisset. et per nuntios quidem 5
haec; ut vero reguli Gallorum castris ad Iliberrim extemplo

motis haud gravate ad Poenum venerunt, capti donis cum bona pace exercitum per finis suos praeter Ruscinonem oppidum transmiserunt.

[XXV.—XXVI. 2. *The rising of the Gauls in Italy.*]

XXV. The Boii and Insubres rise, and blockade the Roman envoys in Mutina. Manlius coming to relieve them falls into an ambush, but escapes to Tannetum,

25 In Italiam interim nihil ultra quam Hiberum transisse
Hannibalem a Massiliensium legatis Romam
2 perlatum erat, cum, perinde ac si Alpis iam
transisset, Boi sollicitatis Insubribus defecerunt
nec tam ob veteres in populum Romanum iras,
quam quod nuper circa Padum Placentiam
Cremonamque colonias in agrum Gallicum
3 deductas aegre patiebantur. itaque armis repente arreptis in eum ipsum agrum impetu facto
tantum terroris ac tumultus fecerunt, ut non agrestis modo
multitudo sed ipsi triumviri Romani, qui ad agrum venerant
adsignandum, diffisi Placentiae moenibus Mutinam confuge-
4 rint, C. Lutatius, C. Servilius, M. Annius. Lutati nomen
haud dubium est; pro Annio Servilioque M'. Acilium et C.
Herennium habent quidam annales, alii P. Cornelium Asinam
5 et C. Papirium Masonem. id quoque dubium est, legati ad
expostulandum missi ad Boios violati sint, an in triumviros
6 agrum metantis impetus sit factus. Mutinae cum obsideren-
tur, et gens ad oppugnandarum urbium artes rudis, pigerrima
eadem ad militaria opera, segnis intactis adsideret muris,
7 simulari coeptum de pace agi, evocatique ab Gallorum principibus legati ad conloquium non contra ius modo gentium
sed violata etiam, quae data in id tempus erat, fide conpre-
henduntur negantibus Gallis, nisi obsides sibi redderentur,
8 eos dimissuros. cum haec de legatis nuntiata essent, et
Mutina praesidiumque in periculo esset, L. Manlius praetor

[XXV—XXVI. 2. *The rising of the Gauls in Italy.*]

ira accensus effusum agmen ad Mutinam ducit. silvae tunc 9
circa viam erant plerisque incultis. ibi inexplorato profectus
in insidias praecipitat, multaque cum caede suorum aegre
in apertos campos emersit. ibi castra communita, et, quia 10
Gallis ad temptanda ea defuit spes, refecti sunt militum
animi, quamquam ad *quingentos* cecidisse satis constabat.
iter deinde de integro coeptum, nec, dum per patentia loca 11
ducebatur agmen, apparuit hostis; ubi rursus silvae intratae, 12
tum postremos adorti cum magna trepidatione ac pavore
omnium septingentos milites occiderunt, sex signa ademere.
finis et Gallis territandi et pavendi fuit Romanis, ut e saltu 13
invio atque inpedito evasere. inde apertis locis facile
tutantes agmen Romani Tannetum, vicum propincum Pado,
contendere. ibi se munimento ad tempus commeatibusque 14
fluminis et Brixianorum etiam Gallorum auxilio adversus
crescentem in dies multitudinem hostium tutabantur. qui 26
tumultus repens postquam est Romam per-
latus, et Punicum insuper Gallico bellum auc-
tum patres acceperunt, C. Atilium praetorem 2
cum una legione Romana et quinque milibus sociorum
dilectu novo a consule conscriptis auxilium ferre Manlio
iubent, qui sine ullo certamine—abscesserant enim metu
hostes—Tannetum pervenit.

XXVI. 1, 2. where he is joined by Atilius

[XXVI. 2—XXIX. *From the Pyrenees to the Rhone.*]

Et P. Cornelius in locum eius, quae missa 3
cum praetore erat, scripta legione nova profectus ab urbe sexaginta longis navibus praeter
oram Etruriae Ligurumque et inde Salluvium
montis pervenit Massiliam et ad proximum 4
ostium Rhodani—pluribus enim divisus amnis

XXVI. 2—9. P. Scipio arrives at Massilia, and Hannibal at the Rhone, where he bribes the natives to supply him with boats.

in mare decurrit—castra locat vixdum satis credens Hanni-
5 balem superasse Pyrenaeos montis. quem ut de Rhodani
quoque transitu agitare animadvertit, incertus, quonam ei
loco occurreret, necdum satis refectis ab iactatione marituma
militibus, trecentos interim delectos equites ducibus Massili-
ensibus ex auxiliaribus Gallis ad exploranda omnia visendos-
6 que ex tuto hostes praemittit. Hannibal ceteris metu aut
pretio pacatis iam in Volcarum pervenerat agrum, gentis
validae. colunt autem circa utramque ripam Rhodani; sed
diffisi citeriore agro arceri Poenum posse, ut flumen pro
munimento haberent, omnibus ferme suis trans Rhodanum
7 traiectis ulteriorem ripam amnis armis obtinebant. ceteros
accolas fluminis Hannibal et eorum ipsorum, quos sedes
suae tenuerant, simul perlicit donis ad naves undique contra-
hendas fabricandasque, simul et ipsi traici exercitum levarique
quam primum regionem suam tanta hominum urgente turba
8 cupiebant. itaque ingens coacta vis navium est lintriumque
temere ad vicinalem usum paratarum; novasque alias primum
9 Galli inchoantes cavabant ex singulis arboribus, deinde et
ipsi milites simul copia materiae simul facilitate operis inducti
alveos informes, nihil, dummodo innare aquae et capere
onera possent, curantes, raptim, quibus se suaque trans-
veherent, faciebant.

XXVII. Hanno crosses the river higher up, to take the enemy in rear. The passage is begun.

27 Iamque omnibus satis conparatis ad traiciendum terrebant ex adverso hostes omnem ripam equites
2 virique obtinentes. quos ut averteret, Hannonem Bomilcaris filium vigilia prima noctis cum
parte copiarum, maxime Hispanis, adverso
3 flumine ire iter unius diei iubet et, ubi primum
possit, quam occultissime traiecto amni circumducere agmen,
4 ut, cum opus facto sit, adoriatur ab tergo hostes. ad id dati
duces Galli edocent inde milia quinque et viginti ferme supra

parvae insulae circumfusum amnem latiore ubi dividebatur,
eoque minus alto alveo transitum ostendere. ibi raptim caesa 5
materia ratesque fabricatae, in quibus equi virique et alia
onera traicerentur. Hispani sine ulla mole in utris vestimentis coniectis ipsi caetris superpositis incubantes flumen
tranavere. et alius exercitus ratibus iunctis traiectus, castris 6
prope flumen positis, nocturno itinere atque operis labore
fessus quiete unius diei reficitur, intento duce ad consilium
opportune exequendum. postero die profecti ex loco edito 7
fumo significant transisse et haud procul abesse. quod ubi
accepit Hannibal, ne tempori deesset, dat signum ad traiciendum. iam paratas aptatasque habebat pedes lintres, 8
eques fere propter equos naves. navium agmen ad excipien-
dum adversi impetum fluminis parte superiore transmittens
tranquillitatem infra traicientibus lintribus praebebat. equo- 9
rum pars magna nantes loris a puppibus trahebantur praeter
eos, quos instratos frenatosque, ut extemplo egresso in ripam
equiti usui essent, inposuerant in naves.

XXVIII. The Gauls take to flight on the appearance of Hanno. The method by which the elephants were transported is described.

Galli occursant in ripa cum variis ululatibus cantuque 28
moris sui quatientes scuta super capita vibran-
tesque dextris tela, quamquam et ex adverso 2
terrebat tanta vis navium cum ingenti sono
fluminis et clamore vario nautarum militum,
et qui nitebantur perrumpere impetum fluminis,
et qui ex altera ripa traicientes suos hortabantur.
iam satis paventes adverso tumultu terribilior ab tergo 3
adortus clamor castris ab Hannone captis. mox et ipse
aderat, ancepsque terror circumstabat, et e navibus tanta
vi armatorum in terram evadente et ab tergo inprovisa
premente acie. Galli postquam utroque vim facere conati 4
pellebantur, qua patere visum maxime iter, perrumpunt
trepidique in vicos passim suos diffugiunt. Hannibal ceteris

copiis per otium traiectis, spernens iam Gallicos tumultus,
castra locat.

5 Elephantorum traiciendorum varia consilia fuisse credo,
certe variat memoria actae rei. quidam congregatis ad
ripam elephantis tradunt ferocissimum ex iis inritatum ab
rectore suo, cum refugientem in aquam; *inde* nantem sequeretur, traxisse gregem, ut quemque timentem altitudinem
destitueret vadum, impetu ipso fluminis in alteram ripam
6 rapiente. ceterum magis constat ratibus traiectos; id ut
tutius consilium ante rem foret, ita acta re ad fidem pronius
7 est. ratem unam ducentos longam pedes quinquaginta latam
a terra in amnem porrexerunt, quam, ne secunda aqua
deferretur, pluribus validis retinaculis parte superiore ripae
religatam pontis in modum humo iniecta constraverunt, ut
8 beluae audacter velut per solum ingrederentur. altera ratis
aeque lata, longa pedes centum, ad traiciendum flumen
apta, huic copulata est; sex tum elephanti per stabilem
ratem tamquam viam praegredientibus feminis acti ubi in
minorem applicatam transgressi sunt, extemplo resolutis,
9 quibus leviter adnexa erat, vinculis, ab actuariis aliquot
10 navibus ad alteram ripam pertrahitur. ita primis expositis
alii deinde repetiti ac traiecti sunt. nihil sane trepidabant,
donec continenti velut ponte agerentur; primus erat pavor,
11 cum soluta ab ceteris rate in altum raperentur. ibi urgentes
inter se cedentibus extremis ab aqua trepidationis aliquantum
edebant, donec quietem ipse timor circumspectantibus aquam
12 fecisset. excidere etiam saevientes quidam in flumen; sed
pondere ipso stabiles deiectis rectoribus quaerendis pedetentim vadis in terram evasere.

29 Dum elephanti traiciuntur, interim Hannibal Numidas
XXIX. The scouts sent by
equites quingentos ad castra Romana miserat
speculatum, ubi et quantae copiae essent et

Scipio fall in with some Numidians, and defeat them. Boian envoys persuade Hannibal to push on to Italy.

quid pararent. huic alae equitum missi, ut 2
ante dictum est, ab ostio Rhodani trecenti
Romanorum equites occurrunt. proelium atrocius quam pro numero pugnantium editur;
nam praeter multa vulnera caedes etiam prope 3
par utrimque fuit, fugaque et pavor Numidarum Romanis
iam admodum fessis victoriam dedit. victores ad centum
sexaginta, nec omnes Romani, sed pars Gallorum, victi
amplius ducenti ceciderunt. hoc principium simul omenque 4
belli ut summae rerum prosperum eventum, ita haud sane
incruentam ancipitisque certaminis victoriam Romanis por-
tendit.

Ut re ita gesta ad utrumque ducem sui redierunt, nec 5
Scipioni stare sententia poterat, nisi ut ex consiliis coeptisque
hostis et ipse conatus caperet, et Hannibalem incertum, 6
utrum coeptum in Italiam intenderet iter, an cum eo, qui
primus se obtulisset Romanus exercitus, manus consereret,
avertit a praesenti certamine Boiorum legatorum regulique
Magali adventus, qui se duces itinerum, socios periculi fore
adfirmantes integro bello nusquam ante libatis viribus Italiam
adgrediendam censent. multitudo timebat quidem hostem 7
nondum oblitterata memoria superioris belli, sed magis iter
inmensum Alpesque, rem fama utique inexpertis horrendam,
metuebat.

[XXX.—XXXVIII. *From the Rhone to Italy.*]

XXX. Hannibal encourages his troops in a speech. The Alps, he says, are not impassable.

Itaque Hannibal, postquam ipsi sententia stetit pergere 30
ire atque Italiam petere, advocata contione
varie militum versat animos castigando adhortandoque: mirari se, quinam pectora semper
impavida repens terror invaserit. per tot 2
annos vincentis eos stipendia facere neque

ante Hispania excessisse, quam omnes gentesque et terrae,
quas duo diversa maria amplectantur, Carthaginiensium
3 essent. indignatos deinde, quod, quicumque Saguntum
obsedissent, velut ob noxam sibi dedi postularet populus
Romanus, Hiberum traiecisse ad delendum nomen Roma-
4 norum liberandumque orbem terrarum. tum nemini visum
id longum, cum ab occasu solis ad exortus intenderent iter;
5 nunc, postquam multo maiorem partem itineris emensam
cernant, Pyrenaeum saltum inter ferocissimas gentes superatum, Rhodanum, tantum amnem, tot milibus Gallorum
prohibentibus, domita etiam ipsius fluminis vi traiectum, in
6 conspectu Alpis habeant, quarum alterum latus Italiae sit,
in ipsis portis hostium fatigatos subsistere—quid Alpis aliud
7 esse credentes quam montium altitudines? fingerent altiores
Pyrenaei iugis; nullas profecto terras caelum contingere nec
inexsuperabiles humano generi esse. Alpis quidem habitari
coli, gignere atque alere animantes; pervias faucis esse exer-
8 citibus. eos ipsos, quos cernant, legatos non pinnis sublime
elatos Alpis transgressos. ne maiores quidem eorum indigenas, sed advenas Italiae cultores has ipsas Alpis ingentibus
saepe agminibus cum liberis ac coniugibus migrantium modo
9 tuto transmisisse. militi quidem armato nihil secum praeter
instrumenta belli portanti quid invium aut inexsuperabile
esse? Saguntum ut caperetur, quid per octo menses
10 periculi, quid laboris exhaustum esse? Romam, caput
orbis terrarum, petentibus quicquam adeo asperum atque
11 arduum videri, quod inceptum moretur? cepisse quondam
Gallos ea, quae adiri posse Poenus desperet. proinde aut
cederent animo atque virtute genti per eos dies totiens ab
se victae, aut itineris finem sperent campum interiacentem
Tiberi ac moenibus Romanis.

31 His adhortationibus incitatos corpora curare atque ad

XXXI. Starting up the Rhone he reaches the Island, where he aids one of two brothers fighting for the throne. Thence he reaches the Druentia.

iter se parare iubet. postero die profectus 2
adversa ripa Rhodani mediterranea Galliae
petit, non quia rectior ad Alpes via esset, sed,
quantum a mari recessisset, minus obvium
fore Romanum credens, cum quo, priusquam 3
in Italiam ventum foret, non erat in animo
manus conserere. quartis castris ad Insulam 4
pervenit. ibi Isara Rhodanusque amnes diversis ex Alpibus
decurrentes agri aliquantum amplexi confluunt in unum;
mediis campis Insulae nomen inditum. incolunt prope 5
Allobroges, gens iam inde nulla Gallica gente opibus aut
fama inferior. tum discors erat. regni certamine ambi- 6
gebant fratres. maior et qui prius imperitarat, Brancus
nomine, minore ab fratre et coetu iuniorum, qui iure minus,
vi plus poterat, pellebatur. huius seditionis peropportuna 7
disceptatio cum ad Hannibalem reiecta esset, arbiter regni
factus, quod ea senatus principumque sententia fuerat,
imperium maiori restituit. ob id meritum commeatu copi- 8
aque rerum omnium, maxime vestis, est adiutus, quam
infames frigoribus Alpes praeparari cogebant.

Sedatis Hannibal certaminibus Allobrogum cum iam 9
Alpes peteret, non recta regione iter instituit, sed ad laevam
in Tricastinos flexit; inde per extremam oram Vocontiorum
agri tendit in Tricorios, haud usquam inpedita via, priusquam ad Druentiam flumen pervenit. is et ipse Alpinus 10
amnis longe omnium Galliae fluminum difficillimus transitu
est; nam, cum aquae vim vehat ingentem, non tamen 11
navium patiens est, quia nullis coercitus ripis, pluribus
simul neque iisdem alveis fluens, nova semper vada novosque
gurgites—et ob eadem pediti quoque incerta via est—, ad
hoc saxa glareosa volvens nihil stabile nec tutum ingredienti
praebet. et tum forte imbribus auctus ingentem trans- 12

gredientibus tumultum fecit, cum super cetera trepidatione
ipsi sua atque incertis clamoribus turbarentur.

XXXII. P. Scipio, not finding Hannibal, returns to Italy, and sends his brother Cneius to Spain. Hannibal reaching the Alps receives a check from the natives, but occupies their position in the night with part of his army.

32 P. Cornelius consul triduo fere post, quam Hannibal a
ripa Rhodani movit, quadrato agmine ad
castra hostium venerat, nullam dimicandi
2 moram facturus. ceterum ubi deserta muni
menta nec facile se tantum praegressos adsecuturum videt, ad mare ac naves rediit, tutius
faciliusque ita descendenti ab Alpibus Hanni-
3 bali occursurus. ne tamen nuda auxiliis
Romanis Hispania esset, quam provinciam
sortitus erat, Cn. Scipionem fratrem cum
maxima parte copiarum adversus Hasdrubalem
4 misit, non ad tuendos tantummodo veteres socios concilian-
dosque novos, sed etiam ad pellendum Hispania Hasdru-
5 balem. ipse cum admodum exiguis copiis Genuam repetit,
eo qui circa Padum erat exercitus Italiam defensurus.

6 Hannibal ab Druentia campestri maxime itinere ad
Alpis cum bona pace incolentium ea loca Gallorum pervenit.
7 tum, quamquam fama prius, qua incerta in maius vero ferri
solent, praecepta res erat, tamen ex propinquo visa montium
altitudo nivesque caelo prope inmixtae, tecta informia inposita rupibus, pecora iumentaque torrida frigore, homines
intonsi et inculti, animalia inanimaque omnia rigentia gelu,
cetera visu quam dictu foediora, terrorem renovarunt.
8 erigentibus in primos agmen clivos apparuerunt inminentes
tumulos insidentes montani, qui, si valles occultiores inse-
dissent, coorti ad pugnam repente ingentem fugam stragem-
9 que dedissent. Hannibal consistere signa iussit; Gallisque
ad visenda loca praemissis postquam conperit transitum ea
non esse, castra inter confragosa omnia praeruptaque quam
10 extentissima potest valle locat. tum per eosdem Gallos,

haud sane multum lingua moribusque abhorrentis, cum
se inmiscuissent conloquiis montanorum, edoctus interdiu
tantum obsideri saltum, nocte in sua quemque dilabi tecta,
luce prima subiit tumulos, ut ex aperto atque interdiu vim
per angustias facturus. die deinde simulando aliud, quam 11
quod parabatur, consumpto, cum eodem, quo constiterant,
loco castra communissent, ubi primum degressos tumulis 12
montanos laxatasque sensit custodias, pluribus ignibus quam
pro numero manentium in speciem factis impedimentisque
cum equite relictis et maxima parte peditum, ipse cum 13
expeditis, acerrimo quoque viro, raptim angustias evadit
iisque ipsis tumulis, quos hostes tenuerant, consedit.

Prima deinde luce castra mota, et agmen relicum 33
incedere coepit. iam montani signo dato ex 2
castellis ad stationem solitam conveniebant,
cum repente conspiciunt alios, arce occupata
sua, super caput inminentis, alios via transire
hostis. utraque simul obiecta res oculis anim- 3
isque inmobiles parumper eos defixit; deinde,
ut trepidationem in angustiis suoque ipsum
tumultu misceri agmen videre, equis maxime consternatis,
quidquid adiecissent ipsi terroris, satis ad perniciem fore 4
rati diversis rupibus iuxta in vias ac devia adsueti decurrunt.
tum vero simul ab hostibus simul ab iniquitate locorum 5
Poeni oppugnabantur, plusque inter ipsos, sibi quoque
tendente, ut periculo primus evaderet, quam cum hostibus
certaminis erat. equi maxime infestum agmen faciebant, 6
qui et clamoribus dissonis, quos nemora etiam repercus-
saeque valles augebant, territi trepidabant, et icti forte aut
vulnerati adeo consternabantur, ut stragem ingentem simul
hominum ac sarcinarum omnis generis facerent; multosque 7
turba, cum praecipites deruptaeque utrimque angustiae

XXXIII. At first the Carthaginians are thrown into confusion; but Hannibal routs the enemy, and takes the chief fort of the district.

essent, in inmensum altitudinis deiecit, quosdam et armatos;
sed ruinae maxime modo iumenta cum oneribus devolve-
8 bantur. quae quamquam foeda visu erant, stetit parumper
tamen Hannibal ac suos continuit, ne tumultum ac trepida-
9 tionem augeret. deinde, postquam interrumpi agmen vidit
periculumque esse, ne exutum inpedimentis exercitum
nequiquam incolumem traduxisset, decurrit ex superiore
loco et, cum impetu ipso fudisset hostem, suis quoque
10 tumultum auxit. sed is tumultus momento temporis, postquam liberata itinera fuga montanorum erant, sedatur; nec
per otium modo sed prope silentio mox omnes traducti.
11 castellum inde, quod caput eius regionis erat, viculosque
circumiectos capit et captivo *cibo* ac pecoribus per triduum
exercitum aluit; et quia nec *a* montanis primo perculsis nec
loco magno opere impediebantur, aliquantum eo triduo viae
confecit.

XXXIV. The Gauls affect friendship, but attack Hannibal in a narrow part of the road and cut him off from his cavalry and baggage.

34 Perventum inde ad frequentem cultoribus alium, ut
inter montanos, populum. ibi non bello aperto
sed suis artibus, fraude et insidiis, est prope
2 circumventus. magno natu principes castellorum oratores ad Poenum veniunt, alienis
malis, utili exemplo, doctos memorantes amicitiam malle quam vim experiri Poenorum;
3 itaque oboedienter imperata facturos; commeatum itinerisque duces et ad fidem promissorum obsides
4 acciperet. Hannibal nec temere credendum nec asper-
nandos ratus, ne repudiati aperte hostes fierent, benigne
cum respondisset, obsidibus, quos dabant, acceptis et
commeatu, quem in viam ipsi detulerant, usus nequaquam
ut inter pacatos conposito agmine duces eorum sequitur.
5 primum agmen elephanti et equites erant; ipse post cum
robore peditum circumspectans omnia sollicitusque ince-

debat. ubi in angustiorem viam et parte altera subiectam 6
iugo insuper inminenti ventum est, undique ex insidiis
barbari a fronte ab tergo coorti comminus eminus petunt,
saxa ingentia in agmen devolvunt. maxima ab tergo vis
hominum urgebat. in eos versa peditum acies haud dubium 7
fecit, quin, nisi firmata extrema agminis fuissent, ingens in
eo saltu accipienda clades fuerit. tunc quoque ad extremum 8
periculi ac prope perniciem ventum est. nam dum cunc-
tatur Hannibal demittere agmen in angustias, quia non, ut
ipse equitibus praesidio erat, ita peditibus quicquam ab
tergo auxilii reliquerat, occursantes per obliqua montani
interrupto medio agmine viam insedere; noxque una 9
Hannibali sine equitibus atque inpedimentis acta est.
postero die iam segnius intercursantibus barbaris iunctae **35**
copiae, saltusque haud sine clade, maiore
tamen iumentorum quam hominum pernicie
superatus. inde montani pauciores iam et 2
latrocinii magis quam belli more concursabant
modo in primum modo in novissimum agmen,
utcumque aut locus opportunitatem daret, aut
progressi morative aliquam occasionem fecis-
sent. elephanti sicut per artas praecipitesque vias magna 3
mora agebantur, ita tutum ab hostibus, quacumque ince-
derent, quia insuetis adeundi propius metus erat, agmen
praebebant.

XXXV. Hannibal reunites his forces and reaches the top of the pass, where he encourages his men by pointing towards Italy. The descent is begun.

Nono die in iugum Alpium perventum est per invia 4
pleraque et errores, quos aut ducentium fraus aut, ubi fides
iis non esset, temere initae valles a coniectantibus iter faciebant. biduum in iugo stativa habita, fessisque labore ac 5
pugnando quies data militibus; iumentaque aliquot, quae
prolapsa in rupibus erant, sequendo vestigia agminis in
castra pervenere. fessis taedio tot malorum nivis etiam 6

casus occidente iam sidere Vergiliarum ingentem terrorem
7 adiecit. per omnia nive oppleta cum signis prima luce
motis segniter agmen incederet, pigritiaque et desperatio in
8 omnium vultu emineret, praegressus signa Hannibal in
promunturio quodam, unde longe ac late prospectus erat,
consistere iussis militibus Italiam ostentat subiectosque Al-
9 pinis montibus Circumpadanos campos, moeniaque eos tum
transcendere non Italiae modo sed etiam urbis Romanae;
cetera plana, proclivia fore; uno aut summum altero proelio
arcem et caput Italiae in manu ac potestate habituros.
10 procedere inde agmen coepit, iam nihil ne hostibus quidem
11 praeter parva furta per occasionem temptantibus. ceterum
iter multo quam in ascensu fuerat, ut pleraque Alpium ab
12 Italia sicut breviora ita arrectiora sunt, difficilius fuit. omnis
enim ferme via praeceps, angusta, lubrica erat, ut neque
sustinere se a lapsu possent nec, qui paulum titubassent,
haerere adfixi vestigio suo, aliique super alios et iumenta in
homines occiderent.

36 Ventum deinde ad multo angustiorem rupem atque ita
rectis saxis, ut aegre expeditus miles temptabundus manibusque retinens virgulta ac stirpes
2 circa eminentes demittere sese posset. natura
locus iam ante praeceps recenti lapsu terrae in
pedum mille admodum altitudinem abruptus
3 erat. ibi cum velut ad finem viae equites con-
stitissent, miranti Hannibali, quae res morare-
tur agmen, nuntiatur rupem inviam esse. digressus deinde
4 ipse ad locum visendum. haud dubia res visa, quin per invia
circa nec trita antea quamvis longo ambitu circumduceret
5 agmen. ea vero via inexsuperabilis fuit; nam cum super vete-
rem nivem intactam nova modicae altitudinis esset, molli nec
6 praealtae facile pedes ingredientium insistebant; ut vero tot

XXXVI. A point is reached where the road has been carried away by a landslip. In attempting to get round it the Carthaginians came upon a collection of snow.

hominum iumentorumque incessu dilapsa est, per nudam
infra glaciem fluentemque tabem liquescentis nivis ingre-
diebantur. taetra ibi luctatio erat via lubrica glacie non 7
recipiente vestigium et in prono citius pedes fallente, ut,
seu manibus in adsurgendo seu genu se adiuvissent, ipsis
adminiculis prolapsis iterum corruerent; nec stirpes circa
radicesve, ad quas pede aut manu quisquam eniti posset,
erant; ita in levi tantum glacie tabidaque nive volutabantur.
iumenta secabant interdum etiam infimam ingredientia 8
nivem, et prolapsa iactandis gravius in conitendo ungulis
penitus perfringebant, ut pleraque velut pedica capta
haererent in dura et alte concreta glacie.

XXXVII. The Carthaginians cut a new road, using fire and vinegar, and so reach the plain.

Tandem nequiquam iumentis atque hominibus fatigatis 37
castra in iugo posita, aegerrime ad id ipsum
loco purgato; tantum nivis fodiendum atque
egerendum fuit. inde ad rupem muniendam, 2
per quam unam via esse poterat, milites ducti,
cum caedendum esset saxum, arboribus circa
inmanibus deiectis detruncatisque struem ingentem lignorum
faciunt eamque, cum et vis venti apta faciendo igni coorta
esset, succendunt ardentiaque saxa infuso aceto putrefaciunt.
ita torridam incendio rupem ferro pandunt molliuntque 3
anfractibus modicis clivos, ut non iumenta solum sed
elephanti etiam deduci possent. quadriduum circa rupem 4
consumptum iumentis prope fame absumptis; nuda enim
fere cacumina sunt, et si quid est pabuli, obruunt nives.
inferiora valles apricosque quosdam colles habent rivosque 5
prope silvas et iam humano cultu digniora loca. ibi 6
iumenta in pabulum missa, et quies muniendo fessis hominibus data. triduo inde ad planum descensum, iam et locis
mollioribus et accolarum ingeniis.

Hoc maxime modo in Italiam perventum est, quinto 38

[XXX.—XXXVIII. *From the Rhone to Italy.*]

XXXVIII. A discussion as to what forces Hannibal had on reaching Italy, and by what route he crossed the Alps.

mense a Carthagine nova, ut quidam auctores
sunt, quinto decimo die Alpibus superatis.
2 quantae copiae transgresso in Italiam Hannibali fuerint, nequaquam inter auctores constat.
qui plurimum, centum milia peditum, viginti
equitum fuisse scribunt: qui minimum, viginti
3 milia peditum, sex equitum. L. Cincius Alimentus, qui
captum se ab Hannibale scribit, maxime *me* auctor moveret,
4 nisi confunderet numerum Gallis Liguribusque additis; cum
his octoginta milia peditum, decem equitum adducta—in
Italia magis adfluxisse veri simile est, et ita quidam auctores
5 sunt—; ex ipso autem audisse Hannibale, postquam Rhodanum transierit, triginta sex milia hominum ingentemque
numerum equorum et aliorum iumentorum amisisse. Taurini
6 sane Galli proxuma gens erat in Italiam degresso. id cum
inter omnes constet, eo magis miror ambigi, quanam Alpis
transierit, et vulgo credere Poenino—atque inde nomen ei
iugo Alpium inditum—transgressum, Coelium per Cremonis
7 iugum dicere transisse; qui ambo saltus eum non in
Taurinos sed per Salassos Montanos ad Libuos Gallos
8 deduxissent. nec veri simile est ea tum ad Galliam patuisse
itinera; utique, quae ad Poeninum ferunt, obsaepta gentibus
9 semigermanis fuissent. neque hercule montibus his, si
quem forte id movet, ab transitu Poenorum ullo Seduni
Veragri, incolae iugi eius, *nomen* norint inditum, sed ab
eo, quem in summo sacratum vertice Poeninum montani
appellant.

[XXXIX.—XLVII. *The engagement at Ticinus.*]

XXXIX. Hannibal after resting his troops

39 Peropportune ad principia rerum Taurinis,
proximae genti, adversus Insubres motum

takes the capital of the Taurini and advances towards the Po. Scipio who had landed at Pisae crosses the Po first and encamps on the Ticinus.

bellum erat. sed armare exercitum Hannibal,
ut parti alteri auxilio esset, in reficiendo
maxime sentientem contracta ante mala, non
poterat; otium enim ex labore, copia ex inopia, 2
cultus ex inluvie tabeque squalida et prope
efferata corpora varie movebat. ea P. Cornelio 3
consuli causa fuit, cum Pisas navibus venisset, exercitu a
Manlio Atilioque accepto tirone et in novis ignominiis
trepido, ad Padum festinandi, ut cum hoste nondum refecto
manus consereret. sed cum Placentiam consul venit, iam 4
ex stativis moverat Hannibal Taurinorumque unam urbem,
caput gentis eius, quia volentes in amicitiam non veniebant,
vi expugnarat; *ac* iunxisset sibi non metu solum sed etiam 5
voluntate Gallos accolas Padi, ni eos circumspectantis
defectionis tempus subito adventu consul oppressisset. et 6
Hannibal movit ex Taurinis, incertos, quae pars sequenda
esset, Gallos praesentem secuturos esse ratus. iam prope in 7
conspectu erant exercitus, convenerantque duces sicuti inter
se nondum satis noti, ita iam inbutus uterque quadam
admiratione alterius. nam Hannibalis et apud Romanos 8
iam ante Sagunti excidium celeberrimum nomen erat, et
Scipionem Hannibal eo ipso, quod adversus se dux potissimum lectus esset, praestantem virum credebat; et auxerant 9
inter se opinionem, Scipio, quod relictus in Gallia obvius
fuerat in Italiam transgresso Hannibali, *Hannibal* et conatu
tam audaci traiciendarum Alpium et effectu.

Occupavit tamen Scipio Padum traicere et ad Ticinum 10
amnem motis castris, priusquam educeret in aciem, adhortandorum militum causa talem orationem est exorsus. 'si 40
eum exercitum, milites, educerem in aciem, quem in Gallia
mecum habui, supersedissem loqui apud vos;
quid enim adhortari referret aut eos equites, 2

XL. He encourages his troops. They need not

fear the Carthaginians. They have been conquered before, and are now exhausted by crossing the Alps.

qui equitatum hostium ad Rhodanum flumen
egregie vicissent, aut eas legiones, cum quibus
fugientem hunc ipsum hostem secutus confessionem cedentis ac detractantis certamen
3 pro victoria habui? nunc, quia ille exercitus,
Hispaniae provinciae scriptus, ibi cum fratre Cn. Scipione
meis auspiciis rem gerit, ubi eum gerere senatus populusque
4 Romanus voluit, ego, ut consulem ducem adversus Hannibalem ac Poenos haberetis, ipse me huic voluntario
certamini obtuli, novo imperatori apud novos milites pauca
5 verba facienda sunt. ne genus belli neve hostem ignoretis,
cum iis est vobis, milites, pugnandum, quos terra marique
priore bello vicistis, a quibus stipendium per viginti annos
exegistis, *a* quibus capta belli praemia Siciliam ac Sardiniam
6 habetis. erit igitur in hoc certamine is vobis illisque animus,
qui victoribus et victis esse solet. nec nunc illi, quia audent,
7 sed quia necesse est, pugnaturi sunt; nisi creditis, qui
exercitu incolumi pugnam detractavere, eos duabus partibus
peditum equitumque in transitu Alpium amissis [qui plures
8 paene perierint quam supersint] plus spei nactos esse. 'at
enim pauci quidem sunt sed vigentes animis corporibusque,
quorum robora ac vires vix sustinere vis ulla possit.'
9 effigies immo, umbrae hominum, fame, frigore, inluvie,
squalore enecti, contusi ac debilitati inter saxa rupesque;
ad hoc praeusti artus, nive rigentes nervi, membra torrida
10 gelu, quassata fractaque arma, claudi ac debiles equi. cum
hoc equite, cum hoc pedite pugnaturi estis, reliquias
extremas hostium, non hostem habetis. ac nihil magis
vereor, quam ne, cum vos pugnaveritis, Alpes vicisse
11 Hannibalem videantur. sed ita forsitan decuit, cum foederum
ruptore duce ac populo deos ipsos sine ulla humana ope
committere ac profligare bellum, nos, qui secundum deos

XLI. He himself is not fleeing from but pursuing them. The Romans should regard them as rebel slaves, ungrateful for past indulgence. The conflict is all important.

violati sumus, commissum ac profligatum conficere. non 41
vereor, ne quis me haec vestri adhortandi causa magnifice
loqui existimet, ipsum aliter animo adfectum
esse. licuit in Hispaniam, provinciam meam, 2
quo iam profectus eram, cum exercitu ire meo,
ubi et fratrem consilii participem ac periculi
socium haberem et Hasdrubalem potius quam
Hannibalem hostem et minorem haud dubie
molem belli; tamen, cum praeterveherer navi- 3
bus Galliae oram, ad famam huius hostis in
terram egressus praemisso equitatu ad Rhodanum movi
castra. equestri proelio, qua parte copiarum conserendi 4
manum fortuna data est, hostem fudi; peditum agmen,
quod in modum fugientium raptim agebatur, quia adsequi
terra non poteram, regressus ad navis, quanta maxime
potui celeritate tanto maris terrarumque circuitu, in radicibus
prope Alpium huic timendo hosti obvius fui. utrum, cum 5
declinarem certamen, inprovidus incidisse videor an occurrere in vestigiis eius, lacessere ac trahere ad decernendum?
experiri iuvat, utrum alios repente Carthaginienses per 6
viginti annos terra ediderit, an iidem sint, qui ad Aegatis
pugnaverunt insulas, et quos ab Eryce duodevicenis denariis
aestimatos emisistis, et utrum Hannibal hic sit aemulus 7
itinerum Herculis, ut ipse fert, an vectigalis stipendiariusque
et servus populi Romani a patre relictus. quem nisi Sagun- 8
tinum scelus agitaret, respiceret profecto si non patriam
victam, domum certe patremque et foedera Hamilcaris
scripta manu, qui iussus ab consule nostro praesidium 9
deduxit ab Eryce, qui graves inpositas victis Carthaginiensibus leges fremens maerensque accepit, qui decedens
Sicilia stipendium populo Romano dare pactus est. itaque 10
vos ego, milites, non eo solum animo, quo adversus alios

hostes soletis, pugnare velim, sed cum indignatione quadam
atque ira, velut si servos videatis vestros arma repente
11 contra vos ferentes. licuit ad Erycem clausos ultimo
supplicio humanorum, fame interficere; licuit victricem
classem in Africam traicere atque intra paucos dies sine
12 ullo certamine Carthaginem delere: veniam dedimus pre-
cantibus, emisimus ex obsidione, pacem cum victis fecimus,
tutelae deinde nostrae duximus, cum Africo bello urge-
13 rentur. pro his inpertitis furiosum iuvenem sequentes
oppugnatum patriam nostram veniunt. atque utinam pro
decore tantum hoc vobis et non pro salute esset certamen!
14 non de possessione Siciliae ac Sardiniae, de quibus quondam
15 agebatur, sed pro Italia vobis est pugnandum. nec est
alius ab tergo exercitus, qui, nisi nos vincimus, hosti
obsistat, nec Alpes aliae sunt, quas dum superant, conparari
nova possint praesidia. hic est obstandum, milites, velut si
16 ante Romana moenia pugnemus. unus quisque se non
corpus suum, sed coniugem ac liberos parvos armis pro-
tegere putet; nec domesticas solum agitet curas, sed
identidem hoc animo reputet, nostras nunc intueri manus
17 senatum populumque Romanum; qualis nostra vis virtusque
fuerit, talem deinde fortunam illius urbis ac Romani imperii
fore.' haec apud Romanos consul.

42 Hannibal rebus prius quam verbis adhortandos milites
ratus, circumdato ad spectaculum exercitu
captivos montanos vinctos in medio statuit
armisque Gallicis ante pedes eorum proiectis
interrogare interpretem iussit, ecquis, si vinculis
levaretur armaque et equum victor acciperet,
2 decertare ferro vellet. cum ad unum omnes ferrum pug-
namque poscerent, et deiecta in id sors esset, se quisque
3 eum optabat, quem fortuna in id certamen legeret, cuiusque

XLII. Hannibal to enspirit his men lets the Gallic captives fight in pairs for their freedom, before them.

sors exciderat, alacer inter gratulantes gaudio exultans cum
sui moris tripudiis arma raptim capiebat. ubi vero dimi- 4
carent, is habitus animorum non inter eiusdem modo
condicionis homines erat, sed etiam inter spectantes vulgo,
ut non vincentium magis quam bene morientium fortuna
laudaretur.

Cum sic aliquot spectatis paribus adfectos dimisisset, 43
contione inde advocata ita apud eos locutus
fertur: 'si, quem animum in alienae sortis 2
exemplo paulo ante habuistis, eundem mox in
aestimanda fortuna vestra habueritis, vicimus,
milites; neque enim spectaculum modo illud,
sed quaedam veluti imago vestrae condicionis
erat. ac nescio an maiora vincula maioresque 3
necessitates vobis quam captivis vestris fortuna
circumdederit: dextra laevaque duo maria claudunt nullam 4
ne ad effugium quidem navem habentis; circa Padus amnis,
maior Padus ac violentior Rhodano; ab tergo Alpes urgent,
vix integris vobis ac vigentibus transitae. hic vincendum 5
aut moriendum, milites, est, ubi primum hosti occurristis.
et eadem fortuna, quae necessitatem pugnandi imposuit,
praemia vobis ea victoribus proponit, quibus ampliora
homines ne ab dis quidem inmortalibus optare solent. si 6
Siciliam tantum ac Sardiniam parentibus nostris ereptas
nostra virtute recuperaturi essemus, satis tamen ampla
pretia essent; quidquid Romani tot triumphis partum
congestumque possident, id omne vestrum cum ipsis dominis
futurum est. in hanc tam opimam mercedem, agite dum, 7
dis bene iuvantibus arma capite. satis adhuc in vastis 8
Lusitaniae Celtiberiaeque montibus pecora consectando
nullum emolumentum tot laborum periculorumque vestrorum
vidistis; tempus est iam opulenta vos ac ditia stipendia 9

XLIII. He then addresses them. Your situation is as desperate as that of the captives. The prize of victory is great. The Romans are not so formidable as they seem.

facere et magna operae pretia mereri tantum itineris per tot
10 montes fluminaque et tot armatas gentes emensos. hic
vobis terminum laborum fortuna dedit; hic dignam mercedem emeritis stipendiis dabit.

11 Nec quam magni nominis bellum est, tam difficilem
existimaritis victoriam fore; saepe et contemptus hostis
cruentum certamen edidit, et incliti populi regesque perlevi
12 momento victi sunt. nam dempto hoc uno fulgore nominis
13 Romani quid est, cur illi vobis conparandi sint? ut viginti
annorum militiam vestram cum illa virtute, cum illa fortuna
taceam, ab Herculis columnis, ab Oceano terminisque
ultimis terrarum per tot ferocissimos Hispaniae et Galliae
14 populos vincentes huc pervenistis; pugnabitis cum exercitu
tirone, hac ipsa aestate caeso victo circumsesso a Gallis,
15 ignoto adhuc duci suo ignorantique ducem. an me in
praetorio patris, clarissimi imperatoris, prope natum, certe
eductum, domitorem Hispaniae Galliaeque, victorem eundem
non Alpinarum modo gentium sed ipsarum, quod multo
maius est, Alpium, cum semenstri hoc conferam duce,
16 desertore exercitus sui? cui si quis demptis signis Poenos
Romanosque hodie ostendat, ignoraturum certum habeo,
17 utrius exercitus sit consul. non ego illud parvi aestimo,
milites, quod nemo est vestrum, cuius non ante oculos ipse
militare aliquod ediderim facinus, cui non idem ego virtutis
spectator ac testis notata temporibus locisque referre sua
18 possim decora. cum laudatis *a* me miliens donatisque,
alumnus prius omnium vestrum quam imperator, procedam
44 *in* aciem adversus ignotos inter se ignorantesque. quo-
cumque circumtuli oculos, plena omnia video animorum ac
roboris, veteranum peditem, generosissimarum
2 gentium equites frenatos infrenatosque, vos
socios fidelissimos fortissimosque, vos, Cartha-

XLIV. You have good grounds for confidence. The

ginienses, cum *pro* patria tum ob iram iustissi-
mam pugnaturos. inferimus bellum infestisque 3
signis descendimus in Italiam tanto audacius
fortiusque pugnaturi quam hostis, quanto maior
spes, maior est animus inferentis vim quam

avarice of the Romans may well inspire us with hate. Fight desperately and victory is certain.

arcentis. accendit praeterea et stimulat animos dolor, 4
iniuria, indignitas. ad supplicium depoposcerunt me ducem
primum, deinde vos omnes, qui Saguntum oppugnassetis;
deditos ultimis cruciatibus adfecturi fuerunt. crudelissima 5
ac superbissima gens sua omnia suique arbitrii facit. cum
quibus bellum, cum quibus pacem habeamus, se modum
inponere aecum censet. circumscribit includitque nos
terminis montium fluminumque, quos non excedamus;
neque eos, quos statuit, terminos observat. 'ne transieris 6
Hiberum! ne quid rei tibi sit cum Saguntinis!' *at non* ad
Hiberum est Saguntum. 'nusquam te vestigio moveris!'
parum est quod veterrimas provincias meas Siciliam ac 7
Sardiniam adimis? etiam *in* Hispanias et, inde *si decessero*,
in Africam transcendes? *transcendes* autem? transcendisse
dico; duos consules huius anni, unum in Africam, alterum
in Hispaniam miserunt. nihil usquam nobis relictum est,
nisi quod armis vindicarimus. illis timidis et ignavis esse 8
licet, qui respectum habent, quos sua terra, suus ager per
tuta ac pacata itinera fugientes accipient; vobis necesse est
fortibus viris esse et omnibus inter victoriam mortemque
certa desperatione abruptis aut vincere aut, si fortuna
dubitabit, in proelio potius quam in fuga mortem oppetere.
si hoc bene fixum omnibus, *si* destinatum animo est, iterum 9
dicam: vicistis; nullum contemptu *mortis telum* ad vincendum homini ab dis inmortalibus acrius datum est.'

His adhortationibus cum utrimque ad certamen accensi **45**
militum animi essent, Romani ponte Ticinum iungunt

XLV. The Romans cross the Ticinus and take up their position near Victumulae. Hannibal cheers his men by promises of rewards.

tutandique pontis causa castellum insuper
2 inponunt; Poenus hostibus opere occupatis
Maharbalem cum ala Numidarum, equitibus
quingentis, ad depopulandos sociorum populi
3 Romani agros mittit; Gallis parci quam
maxime iubet principumque animos ad defectionem sollicitari. ponte perfecto traductus Romanus
exercitus in agrum Insubrium quinque milia passuum a
4 Victumulis consedit. ibi Hannibal castra habebat; revo-
catoque propere Maharbale atque equitibus, cum instare
certamen cerneret, nihil umquam satis dictum praemoni-
tumque ad cohortandos milites ratus, vocatis ad contionem
certa praemia pronuntiat, in quorum spem pugnarent:
5 agrum sese daturum esse in Italia, Africa, Hispania, ubi
quisque vellet, inmunem ipsi, qui accepisset, liberisque; qui
pecuniam quam agrum maluisset, ei se argento satis-
6 facturum; qui sociorum cives Carthaginienses fieri vellent,
potestatem facturum; qui domos redire mallent, daturum
se operam, ne cuius suorum popularium mutatam secum
7 fortunam esse vellent. servis quoque dominos prosecutis
libertatem proponit binaque pro iis mancipia dominis se
8 redditurum. eaque ut rata scirent fore, agnum laeva manu,
dextra silicem retinens, si falleret, Iovem ceterosque precatus
deos, ita se mactarent, quem ad modum ipse agnum
mactasset, secundum precationem caput pecudis saxo elisit.
9 tum vero omnes, velut dis auctoribus in spem suam quisque
acceptis, id morae, quod nondum pugnarent, ad potienda
sperata rati proelium uno animo et voce una poscunt.

XLVI. The Romans are terrified by an omen. Scipio going out

46 Apud Romanos haudquaquam tanta alacritas erat super
2 cetera recentibus etiam territos prodigiis; nam
et lupus intraverat castra laniatisque obviis
ipse intactus evaserat, *et* examen apum in

to reconnoitre meets Hannibal. The Romans are defeated. Scipio is rescued by his son.

arbore praetorio inminente consederat. qui- 3
bus procuratis Scipio cum equitatu iacula-
toribusque expeditis profectus ad castra hostium ex propinquo copiasque, quantae et
cuius generis essent, speculandas, obvius fit Hannibali et
ipsi cum equitibus ad exploranda circa loca progresso.
neutri alteros primo cernebant, densior deinde incessu tot 4
hominum et equorum oriens pulvis signum propinquantium
hostium fuit. consistit utrumque agmen et ad proelium
sese expediebant. Scipio iaculatores et Gallos equites in 5
fronte locat, Romanos sociorumque quod roboris fuit in
subsidiis; Hannibal frenatos equites in medium accipit,
cornua Numidis firmat. vixdum clamore sublato iaculatores 6
fugerunt inter subsidia ad secundam aciem. inde equitum
certamen erat aliquamdiu anceps, dein quia turbabant
equos pedites intermixti multis labentibus ex equis, aut
desilientibus ubi suos premi circumventos vidissent, iam
magna ex parte ad pedes pugna venerat, donec Numidae,
qui in cornibus erant, circumvecti paulum ab tergo se
ostenderunt. is pavor perculit Romanos auxitque pavorem 7
consulis vulnus periculumque intercursu tum primum pubescentis filii propulsatum. hic erit iuvenis, penes quem 8
perfecti huiusce belli laus est, Africanus ob egregiam
victoriam de Hannibale Poenisque appellatus. fuga tamen 9
effusa iaculatorum maxume fuit, quos primos Numidae
invaserunt, alius confertus equitatus consulem in medium
acceptum non armis modo sed etiam corporibus suis
protegens in castra nusquam trepide neque effuse cedendo
reduxit. servati consulis decus Coelius ad servum natione 10
Ligurem delegat. malim equidem de filio verum esse, quod
et plures tradidere auctores, et fama obtinuit.

[XLVII.—XLVIII. *Manoeuvres before the battle of Trebia.*]

XLVII. Scipio retreats to Placentia unobserved. Hannibal crosses the Po and encamps six miles from the town.

47 Hoc primum cum Hannibale proelium fuit, quo facile
apparuit equitatu meliorem Poenum esse, et
ob id campos patentis, quales sunt inter Padum Alpesque, bello gerendo Romanis aptos
2 non esse. itaque proxima nocte, iussis militibus vasa silentio conligere, castra ab Ticino
mota festinatumque ad Padum est, ut ratibus,
quibus iunxerat flumen, nondum resolutis sine tumultu
3 atque insectatione hostis copias traiceret. prius Placentiam
pervenere, quam satis sciret Hannibal ab Ticino profectos;
tamen ad sescentos moratorum in citeriore ripa Padi
segniter ratem solventes cepit. transire pontem non potuit,
ut extrema resoluta erant, tota rate in secundam aquam
4 labente. Coelius auctor est Magonem cum equitatu et
Hispanis peditibus flumen extemplo tranasse, ipsum Hannibalem per superiora Padi vada exercitum traduxisse
elephantis in ordinem ad sustinendum impetum fluminis
5 oppositis. ea peritis amnis eius vix fidem fecerint; nam
neque equites armis equisque salvis tantam vim fluminis
superasse veri simile est, ut iam Hispanos omnes inflati
travexerint utres, et multorum dierum circuitu Padi vada
petenda fuerunt, qua exercitus gravis impedimentis traduci
6 posset. potiores apud me auctores sunt, qui biduo vix
locum rate iungendo flumini inventum tradunt; ea cum
7 Magone equites et Hispanorum expeditos praemissos. dum
Hannibal, circa flumen legationibus Gallorum audiendis
moratus, traicit gravius peditum agmen, interim Mago
equitesque ab transitu fluminis diei unius itinere Pla-
8 centiam ad hostes contendunt. Hannibal paucis post
diebus sex milia a Placentia castra communivit et postero
die in conspectu hostium acie derecta potestatem pugnae
fecit.

Insequenti nocte caedes in castris Romanis, tumultu 48
tamen quam re maior, ab auxiliaribus Gallis
facta est. ad duo milia peditum et ducenti 2
equites vigilibus ad portas trucidatis ad Hannibalem transfugiunt, quos Poenus benigne
adlocutus et spe ingentium donorum accensos
in civitates quemque suas ad sollicitandos
popularium animos dimisit. Scipio caedem 3
eam signum defectionis omnium Gallorum esse ratus
contactosque eo scelere velut iniecta rabie ad arma ituros,
quamquam gravis adhuc vulnere erat, tamen quarta vigilia 4
noctis insequentis tacito agmine profectus ad Trebiam
fluvium iam *in* loca altiora collisque impeditiores equiti
castra movet. minus quam ad Ticinum fefellit; missisque 5
Hannibal primum Numidis deinde omni equitatu turbasset
utique novissimum agmen, ni aviditate praedae in vacua
Romana castra Numidae devertissent. ibi dum perscru- 6
tantes loca omnia castrorum nullo satis digno morae pretio
tempus terunt, emissus hostis est de manibus, et cum iam
transgressos Trebiam Romanos metantisque castra con-
spexissent, paucos moratorum occiderunt citra flumen inter-
ceptos. Scipio nec vexationem vulneris in via iactati ultra 7
patiens et collegam—iam enim et revocatum ex Sicilia
audierat—ratus expectandum, locum, qui prope flumen
tutissimus stativis est visus, delectum communiit. nec 8
procul inde Hannibal cum consedisset, quantum victoria
equestri elatus, tantum anxius inopia, quae per hostium
agros euntem nusquam praeparatis commeatibus maior in
dies excipiebat, ad Clastidium vicum, quo magnum frumenti
numerum congesserant Romani, mittit. ibi cum vim para- 9
rent, spes facta proditionis; nec sane magno pretio, nummis
aureis quadringentis, Dasio Brundisino, praefecto praesidii,

XLVIII. Some Gauls deserting, Scipio fears a general rising, and encamps E. of the Trebia. Hannibal encamps near. Clastidium is betrayed to him.

[XLVII.—XLVIII. *Manoeuvres before the battle of Trebia.*

corrupto traditur Hannibali Clastidium. id horreum fuit Poenis sedentibus ad Trebiam. in captivos ex tradito praesidio, ut fama clementiae in principio rerum colligeretur, nihil saevitum est.

[XLIX.—LI. *Naval operations about Sicily during* 218 B.C.]

XLIX. The Carthaginians send (1) 20 ships to ravage the Italian coast, 3 are carried out of their course and taken by Hiero. (2) 35 ships to surprise Lilybaeum. Hiero informs the praetor and Lilybaeum is prepared.

49 Cum ad Trebiam terrestre constitisset bellum, interim
circa Siciliam insulasque Italiae inminentes et
a Sempronio consule et ante adventum eius
2 terra marique res gestae. viginti quinqueremes cum mille armatis ad depopulandam
oram Italiae a Carthaginiensibus missae, novem
Liparas, octo ad insulam Vulcani tenuerunt,
3 tres in fretum avertit aestus. ad eas conspectas
a Messana duodecim naves ab Hierone rege
Syracusanorum missae, qui tum forte Messanae
erat consulem Romanum opperiens, nullo
repugnante captas naves Messanam in portum deduxerunt.
4 cognitum ex captivis praeter viginti naves, cuius ipsi classis
essent, in Italiam missas, quinque et triginta alias quinqueremes Siciliam petere ad sollicitandos veteres socios;
5 Lilybaei occupandi praecipuam curam esse; credere eadem
tempestate, qua ipsi disiecti forent, eam quoque classem ad
6 Aegatis insulas deiectam. haec, sicut audita erant, rex
M. Aemilio praetori, cuius Sicilia provincia erat, perscribit
7 monetque, ut Lilybaeum firmo teneret praesidio. extemplo
et circa *a* praetore ad civitates missi legati tribunique suos
ad curam custodiae intendere, et ante omnia Lilybaeum
teneri apparatu belli, edicto proposito, ut socii navales
8 decem dierum cocta cibaria ad naves deferrent, ut, ubi
signum datum esset, ne quid moram conscendendi faceret,
perque omnem oram, qui ex speculis prospicerent adven-

tantem hostium classem, dimitti. itaque, quamquam de 9
industria moderati cursum navium erant Carthaginienses, ut
ante lucem accederent Lilybaeum, praesensum tamen est,
quia et luna pernox erat, et sublatis armamentis veniebant;
extemplo datum *signum* ex speculis et in oppido ad arma 10
conclamatum est et in naves conscensum; pars militum in
muris portarumque stationibus, pars in navibus erant. et 11
Carthaginienses, quia rem fore haud cum inparatis cernebant, usque ad lucem portu se abstinuerunt, demendis
armamentis eo tempore aptandaque ad pugnam classe
absumpto. ubi inluxit, recepere classem in altum, ut spatium 12
pugnae esset, exitumque liberum e portu naves hostium
haberent. nec Romani detrectavere pugnam et memoria 13
circa ea ipsa loca gestarum rerum freti et militum multitudine ac virtute. ubi in altum evecti sunt, Romanus con- 50

L. The Carthaginians are defeated. Sempronius the consul arrives, and is met by Hiero who assures him of his fidelity.

serere pugnam et ex propinquo vires conferre
velle; contra eludere Poenus et arte, non vi 2
rem gerere naviumque quam virorum aut
armorum malle certamen facere. nam ut 3
sociis navalibus adfatim instructam classem,
ita inopem milite habebant; et, sicubi conserta
navis esset, haudquaquam par numerus armatorum ex ea
pugnabat. quod ubi animadversum est, et Romanis multi- 4
tudo sua auxit animum et paucitas illis minuit. extemplo
septem naves Punicae circumventae; fugam ceterae ceperunt.
mille et septingenti fuere in navibus captis milites nautaeque, 5
in his tres nobiles Carthaginiensium. classis Romana in- 6
columis, una tantum perforata navi, sed ea quoque ipsa
reduce, in portum rediit.

Secundum hanc pugnam, nondum gnaris eius qui 7
Messanae erant, Ti. Sempronius consul Messanam venit
ei fretum intranti rex Hiero classem ornatam armatamque 8

obviam duxit, transgressusque ex regia in praetoriam navem,
gratulatus sospitem cum exercitu et navibus advenisse
precatusque prosperum ac felicem in Siciliam transitum,
9 statum deinde insulae et Carthaginiensium conata exposuit
pollicitusque est, quo animo priore bello populum Romanum
10 iuvenis adiuvisset, eo senem adiuturum; frumentum vesti-
mentaque sese legionibus consulis sociisque navalibus gratis
praebiturum; grande periculum Lilybaeo maritumisque
11 civitatibus esse, et quibusdam volentibus novas res fore. ob
haec consuli nihil cunctandum visum, quin Lilybaeum classe
peteret. et rex regiaque classis una profecti. navigantes
inde pugnatum ad Lilybaeum fusasque et captas hostium
51 naves accepere. a Lilybaeo consul Hierone cum classe

LI. Sempronius takes Melita. He hears that the territory of Vibo has been attacked by the first Carthaginian fleet, and that he is required to return to Italy. He joins his colleague.

regia dimisso relictoque praetore ad tuendam
Siciliae oram ipse in insulam Melitam, quae
2 a Carthaginiensibus tenebatur, traiecit. advenienti Hamilcar Gisgonis filius, praefectus praesidii, cum paulo minus duobus milibus militum
oppidumque cum insula traditur. inde post
paucos dies reditum Lilybaeum, captivique et a
consule et a praetore praeter insignes nobilitate
3 viros sub corona venierunt. postquam ab ea parte satis tutam
Siciliam censebat consul, ad insulas Vulcani, quia fama erat
stare ibi Punicam classem, traiecit; nec quisquam hostium
4 circa eas insulas inventus. iam forte transmiserant ad vastan-
dam Italiae oram, depopulatoque Viboniensi agro urbem
5 etiam terrebant. repetenti Siciliam consuli escensio hostium
in agrum Viboniensem facta nuntiatur, litteraeque ab senatu de transitu in Italiam Hannibalis, et ut primo quoque
6 tempore conlegae ferret auxilium, missae traduntur. multis
simul anxius curis exercitum extemplo in naves impositum
Ariminum mari supero misit, Sex. Pomponio legato cum

viginti quinque longis navibus Viboniensem agrum maritimamque oram Italiae tuendam adtribuit, M. Aemilio
praetori quinquaginta navium classem explevit. ipse com- 7
positis Siciliae rebus decem navibus oram Italiae legens Ariminum pervenit. inde cum exercitu suo profectus ad Trebiam flumen conlegae coniungitur.

[LII.—LVI. *The battle of Trebia.*]

LII. The Gauls between the Trebia and Po, their country being ravaged by the Carthaginians, appeal to the Romans for help. Sempronius routs the plunderers.

Iam ambo consules et quidquid Romanarum virium erat 52
Hannibali oppositum aut illis copiis defendi posse Romanum imperium aut spem nullam
aliam esse satis declarabat. tamen consul 2
alter equestri proelio uno et vulnere suo minutus trahi rem malebat; recentis animi alter eoque ferocior nullam dilationem patie-
batur. quod inter Trebiam Padumque agri 3
est Galli tum incolebant, in duorum praepotentium populorum certamine per ambiguum favorem haud dubie gratiam
victoris spectantes. id Romani, modo ne quid moverent, 4
aequo satis, Poenus periniquo animo ferebat, ab Gallis
accitum se venisse ad liberandos eos dictitans. ob eam 5
iram, simul ut praeda militem aleret, duo milia peditum et mille equites, Numidas plerosque, mixtos quosdam et Gallos, populari omnem deinceps agrum usque ad Padi
ripas iussit. egentes ope Galli, cum ad id dubios servassent 6
animos, coacti ab auctoribus iniuriae ad vindices futuros declinant, legatisque ad consules missis auxilium Romanorum terrae ob nimiam cultorum fidem in Romanos
laboranti orant. Cornelio nec causa nec tempus agendae 7
rei placebat, suspectaque ei gens erat cum ob infida multa facinora, tum, ut alia vetustate obsolevissent, ob recentem

8 Boiorum perfidiam; Sempronius contra continendis in fide
sociis maximum vinculum esse primos, qui eguissent ope,
9 defensos censebat. collega cunctante equitatum suum mille
peditum iaculatoribus ferme admixtis ad defendendum
10 Gallicum agrum trans Trebiam mittit. sparsos et incon-
positos, ad hoc graves praeda plerosque cum inopinato
invasissent, ingentem terrorem caedemque ac fugam usque
ad castra stationesque hostium fecere; unde multitudine
effusa pulsi rursus subsidio suorum proelium restituere.
11 varia inde pugna sequentes *inter* cedentesque cum ad
extremum aequassent certamen, maior tamen hostium
53 *caedes, penes* Romanos fama victoriae fuit. ceterum
nemini omnium maior iustiorque quam ipsi consuli videri;

LIII. Elated at this Sempronius is urgent for battle. Hannibal also is anxious to fight.

2 gaudio efferri, qua parte copiarum alter consul
victus foret, ea se vicisse, restitutos ac refectos
militibus animos, nec quemquam esse praeter
conlegam, qui dilatam dimicationem vellet;
eum animo magis quam corpore aegrum
memoria vulneris aciem ac tela horrere. sed non esse cum
3 aegro senescendum. quid enim *pugnam* ultra differri aut
teri tempus? quem tertium consulem, quem alium exercitum
4 expectari? castra Carthaginiensium in Italia ac prope in
conspectu urbis esse. non Siciliam ac Sardiniam victis
ademptas, nec cis Hiberum Hispaniam peti, sed solo patrio
5 terraque, in qua geniti forent, pelli Romanos. 'quantum
ingemiscant' inquit 'patres nostri circa moenia Carthaginis
bellare soliti, si videant nos, progeniem suam, duos consules
consularesque exercitus, in media Italia paventis intra
castra, Poenum quod inter Alpis Appenninumque agri sit
6 suae dicionis fecisse.' haec adsidens aegro conlegae, haec
in praetorio prope contionabundus agere. stimulabat et
tempus propincum comitiorum, ne in novos consules bellum

differretur, et occasio in se unum vertendae gloriae, dum
aeger conlega erat. itaque nequiquam dissentiente Cornelio 7
parari ad propincum certamen milites iubet.

Hannibal cum, quid optimum foret hosti, cerneret, vix
ullam spem habebat temere atque inprovide quicquam
consules acturos; cum alterius ingenium, fama prius, deinde 8
re cognitum, percitum ac ferox sciret esse ferociusque
factum prospero cum praedatoribus suis certamine crederet,
adesse gerendae rei fortunam haud diffidebat. cuius ne 9
quod praetermitteret tempus sollicitus intentusque erat,
dum tiro hostium miles esset, dum meliorem ex ducibus
inutilem vulnus faceret, dum Gallorum animi vigerent,
quorum ingentem multitudinem sciebat segnius secuturam, 10
quanto longius ab domo traherentur. cum ob haec taliaque 11
speraret propincum certamen et facere, si cessaretur, cuperet,
speculatoresque Galli, ad ea exploranda, quae vellet, tutiores,
quia in utrisque castris militabant, paratos pugnae esse
Romanos rettulissent, locum insidiis circumspectare Poenus
coepit. erat in medio rivus praealtis utrimque clausus ripis 54
et circa obsitus palustribus herbis et, quibus
inculta ferme vestiuntur, virgultis vepribusque.
quem ubi equites quoque tegendo satis latebrosum
locum circumvectus ipse oculis perlustravit,
'hic erit locus' Magoni fratri ait, 'quem
teneas. delige centenos viros ex omni pedite 2
atque equite, cum quibus ad me vigilia prima
venias; nunc corpora curare tempus est.' ita praetorium 3
missum. mox cum delectis Mago aderat. 'robora virorum
cerno' inquit Hannibal; 'sed uti numero etiam non animis
modo valeatis, singulis vobis novenos ex turmis manipulisque
vestri similes eligite. Mago locum monstrabit, quem
insideatis; hostem caecum ad has belli artes habetis.' ita 4

LIV. He places Mago in ambush, and sends out skirmishers to draw Sempronius into an engagement. Sempronius fords the Trebia in pursuit.

Mago cum mille equitibus, mille peditibus dimissus. Hannibal prima luce Numidas equites transgressos Trebiam
flumen obequitare iubet hostium portis iaculandoque *in*
stationes elicere ad pugnam hostem, iniecto deinde certamine
5 cedendo sensim citra flumen pertrahere. haec mandata
Numidis; ceteris ducibus peditum equitumque praeceptum,
ut prandere omnes iuberent, armatos deinde instratisque
equis signum expectare.

6 Sempronius ad tumultum Numidarum primum omnem
equitatum, ferox ea parte virium, deinde sex milia peditum,
postremo omnes copias a destinato iam ante consilio avidus
7 certaminis eduxit. erat forte brumae tempus et nivalis dies
in locis Alpibus Appenninoque interiectis, propinquitate
8 etiam fluminum ac paludium praegelidis. ad hoc raptim
eductis hominibus atque equis non capto ante cibo, non
ope ulla ad arcendum frigus adhibita, nihil caloris inerat, et
quidquid aurae fluminis adpropinquabant, adflabat acrior
9 frigoris vis. ut vero refugientes Numidas insequentes aquam
ingressi sunt—et erat pectoribus tenus aucta nocturno
imbri,—tum utique egressis rigere omnibus corpora, ut vix
armorum tenendorum potentia essent, et simul lassitudine
et procedente iam die fame etiam deficere.

LV. A battle ensues. The Roman cavalry is worsted. The infantry is surrounded, Mago appearing in its rear; but holds its ground.

55 Hannibalis
interim miles ignibus ante tentoria factis oleo-
que per manipulos, ut mollirent artus, misso
et cibo per otium capto, ubi transgressos
flumen hostis nuntiatum est, alacer animis
corporibusque arma capit atque in aciem pro-
2 cedit. Baliares locat ante signa *ac* levem
armaturam, octo ferme milia hominum, dein graviorem
armis peditem, quod virium, quod roboris erat; in cornibus
circumfudit decem milia equitum, et ab cornibus in
3 utramque partem divisos elephantos statuit. consul effuse

sequentis equites, cum ab resistentibus subito Numidis
incauti exciperentur, signo receptui dato revocatos circumdedit peditibus. duodeviginti milia Romana erant, socium 4
nominis Latini viginti, auxilia praeterea Cenomanorum; ea
sola in fide manserat Gallica gens. iis copiis concursum
est. proelium a Baliaribus ortum est; quibus cum maiore 5
robore legiones obsisterent, diducta propere in cornua levis
armatura est, quae res effecit, ut equitatus Romanus 6
extemplo urgeretur: nam cum vix iam per se resisterent
decem milibus equitum quattuor milia et fessi integris
plerisque, obruti sunt insuper velut nube iaculorum a
Baliaribus coniecta. ad hoc elephanti eminentes ab extremis 7
cornibus, equis maxime non visu modo sed odore insolito
territis, fugam late faciebant. pedestris pugna par animis 8
magis quam viribus erat, quas recentis Poenus paulo ante
curatis corporibus in proelium adtulerat; contra ieiuna
fessaque corpora Romanis et rigentia gelu torpebant.
restitissent tamen animis, si cum pedite solum foret pugnatum; sed et Baliares pulso equite iaculabantur in latera, et 9
elephanti iam in mediam peditum aciem sese tulerant, et
Mago Numidaeque, simul latebras eorum inprovida prae-
terlata acies est, exorti ab tergo ingentem tumultum ac
terrorem fecere. tamen in tot circumstantibus malis mansit 10
aliquamdiu inmota acies, maxime praeter spem omnium
adversus elephantos. eos velites ad *id* ipsum locati verutis 11
coniectis et avertere et insecuti aversos sub caudis, qua
maxume molli cute vulnera accipiunt, fodiebant. trepidan- **56**
tisque et prope iam in suos consternatos *e* media acie in
extremam ad sinistrum cornu adversus Gallos
auxiliares agi iussit Hannibal. *ibi* extemplo
haud dubiam fecere fugam. quo novus terror
additus Romanis, ut fusa auxilia sua viderunt.

LVI. The rout of the Gallic auxiliaries completes the defeat of the Roman infantry, one body cuts its

2 way to Placentia. The wounded are conveyed across the Trebia to Placentia.

itaque cum iam in orbem pugnarent, decem
milia ferme hominum, cum alia evadere ne-
quissent, media Afrorum acie, qua Gallicis auxiliis firmata erat, cum ingenti caede hostium
3 perrupere et, cum neque in castra reditus esset flumine inter-
clusis neque prae imbri satis decernere possent, qua suis
4 opem ferrent, Placentiam recto itinere perrexere. plures
deinde in omnes partes eruptiones factae; et qui flumen
petiere, aut gurgitibus absumpti sunt aut inter cunctationem
5 ingrediendi ab hostibus oppressi; qui passim per agros fuga
sparsi erant, vestigia cedentis sequentes agminis Placentiam
contendere; aliis timor hostium audaciam ingrediendi
6 flumen fecit, transgressique in castra pervenerunt. imber
nive mixtus et intoleranda vis frigoris et homines multos et
7 iumenta et elephantos prope omnis absumpsit. finis inse-
quendi hostis Poenis flumen Trebia fuit, et ita torpentes
gelu in castra rediere, ut vix laetitiam victoriae sentirent.
8 itaque nocte insequenti, cum praesidium castrorum et quod
relicum *sauciorum* ex magna parte militum erat ratibus
Trebiam traicerent, aut nihil sensere obstrepente pluvia aut,
quia iam moveri nequibant prae lassitudine ac vulneribus,
9 sentire sese dissimularunt; quietisque Poenis tacito agmine
ab Scipione consule exercitus Placentiam est perductus,
inde Pado traiectus Cremonam, ne duorum exercituum
hibernis una colonia premeretur.

[LVII.—LIX. *Winter operations in Italy.* 218—217 B.C.]

57 LVII. Terror at Rome. Sempronius goes there to hold the comitia. Hannibal makes

Romam tantus terror ex hac clade perlatus
est, ut iam ad urbem Romanam crederent
infestis signis hostem venturum, nec quicquam
spei aut auxilii esse, quo a portis moenibusque

an unsuccessful night attack on a depot near Placentia, but takes Victumulae.

vim arcerent; uno consule ad Ticinum victo 2
alterum ex Sicilia revocatum; duobus consulibus, duobus consularibus exercitibus victis,
quos alios duces, quas alias legiones esse,
quae arcessantur? ita territis Sempronius consul advenit. 3
ingenti periculo per effusos passim ad praedandum hostium
equites audacia magis quam consilio aut spe fallendi resis-
tendive, si non falleret, transgressus, id quod unum maxime 4
in praesentia desiderabatur, comitiis consularibus habitis in
hiberna rediit. creati consules Cn. Servilius et C. Flaminius
iterum.

Ceterum ne hiberna quidem Romanis quieta erant 5
vagantibus passim Numidis equitibus et, *ut* quaeque iis
inpeditiora erant, Celtiberis Lusitanisque. omnes igitur
undique clausi commeatus erant, nisi quos Pado naves
subveherent. emporium prope Placentiam fuit et opere 6
magno munitum et valido firmatum praesidio. eius castelli
expugnandi spe cum equitibus ac levi armatura profectus
Hannibal, cum plurimum in celando incepto ad effectum
spei habuisset, nocte adortus non fefellit vigiles. tantus 7
repente clamor est sublatus, ut Placentiae quoque audiretur.
itaque sub lucem cum equitatu consul aderat, iussis quadrato
agmine legionibus sequi. equestre interim proelium com- 8
missum, in quo quia saucius Hannibal pugna excessit,
pavore hostibus iniecto defensum egregie praesidium est.
paucorum inde dierum quiete sumpta et vixdum satis percu-
rato vulnere, ad Victumulas oppugnandas ire pergit. id em- 9
porium Romanis Gallico bello fuerat; munitum inde locum 10
frequentaverant adcolae mixti undique ex finitimis populis, et
tum terror populationum eo plerosque ex agris conpulerat.
huius generis multitudo, fama inpigre defensi ad Placentiam 11
praesidii accensa, armis arreptis obviam Hannibali procedit.

12 magis agmina quam acies in via concurrerunt, et, cum ex
altera parte nihil praeter inconditam turbam esset, in altera
et dux militi et duci miles fidens, ad triginta quinque milia
13 hominum a paucis fusa. postero die deditione facta praesidium intra moenia accepere; iussique arma tradere cum
dicto paruissent, signum repente victoribus datur, ut tam-
14 quam vi captam urbem diriperent. neque ulla, quae in tali
re memorabilis scribentibus videri solet, praetermissa clades
est; adeo omnis libidinis crudelitatisque et inhumanae
superbiae editum in miseros exemplum est. hae fuere
hibernae expeditiones Hannibalis.

LVIII. Early in 217 B.C. Hannibal attempts to reach Etruria, but meets with bad weather in the Appennines,

58 Haud longi inde temporis, dum intolerabilia frigora
2 erant, quies militi data est, et ad prima ac
dubia signa veris profectus ex hibernis in
Etruriam ducit, eam quoque gentem, sicut
Gallos Liguresque, aut vi aut voluntate ad-
3 iuncturus. transeuntem Appenninum adeo
atrox adorta tempestas est, ut Alpium prope foeditatem
superaverit. vento mixtus imber cum ferretur in ipsa ora,
primo, quia aut arma omittenda erant, aut contra enitentes
4 vertice intorti adfligebantur, constitere; dein, cum iam
spiritum includeret nec reciprocare animam sineret, aversi a
5 vento parumper consedere. tum vero ingenti sono caelum
strepere et inter horrendos fragores micare ignes; capti
6 auribus et oculis metu omnes torpere; tandem effuso imbre,
cum eo magis accensa vis venti esset, ipso illo, quo deprensi
7 erant, loco castra ponere necessarium visum est. id vero
laboris velut de integro initium fuit; nam nec explicare
quicquam nec statuere poterant, nec, quod statutum esset,
8 manebat, omnia perscindente vento et rapiente; et mox
aqua levata vento cum super gelida montium iuga concreta
esset, tantum nivosae grandinis deiecit, ut omnibus omissis

procumberent homines tegminibus suis magis obruti quam
tecti; tantaque vis frigoris insecuta est, ut ex illa miserabili 9
hominum iumentorumque strage cum se quisque attollere
ac levare vellet, diu nequiret, quia torpentibus rigore nervis
vix flectere artus poterant. deinde, ut tandem agitando 10
sese movere ac recipere animos et raris locis ignis fieri est
coeptus, ad alienam opem quisque inops tendere. biduum 11
eo loco velut obsessi mansere. multi homines, multa
iumenta, elephanti quoque ex iis, qui proelio ad Trebiam
facto superfuerant, septem absumpti.

LIX. and returns to Placentia, where a doubtful engagement takes place between him and Sempronius.

Degressus Appennino retro ad Placentiam castra movit 59
et ad decem milia progressus consedit. postero
die duodecim milia peditum quinque equitum
adversus hostem ducit; nec Sempronius con- 2
sul—iam enim redierat ab Roma—detrectavit
certamen. atque eo die tria milia passuum 3
inter bina castra fuere; postero die ingentibus animis vario
eventu pugnatum est. primo concursu adeo res Romana
superior fuit, ut non acie vincerent solum, sed pulsos hostes
in castra persequerentur, mox castra quoque oppugnarent.
Hannibal paucis propugnatoribus in vallo portisque positis 4
ceteros confertos in media castra recepit intentosque signum
ad erumpendum expectare iubet. iam nona ferme diei 5
hora erat, cum Romanus nequiquam fatigato milite, postquam nulla spes erat potiundi castris, signum receptui
dedit. quod ubi Hannibal accepit laxatamque pugnam et 6
recessum a castris vidit, extemplo equitibus dextra laevaque
emissis in hostem, ipse cum peditum robore mediis castris
erupit. pugna raro magis ulla saeva aut utriusque partis 7
pernicie clarior fuisset, si extendi eam dies in longum
spatium sivisset; nox accensum ingentibus animis proelium 8
diremit. itaque acrior concursus fuit quam caedes, et, sicut

aequata ferme pugna erat, ita clade pari discessum est. ab
neutra parte sescentis plus peditibus et dimidium eius
9 equitum cecidit; sed maior Romanis quam pro numero
iactura fuit, quia equestris ordinis aliquot et tribuni militum
10 quinque et praefecti sociorum tres sunt interfecti. secundum
eam pugnam Hannibal in Ligures, Sempronius Lucam
concessit. venienti in Ligures Hannibali per insidias
intercepti duo quaestores Romani, C. Fulvius et L. Lucretius,
cum duobus tribunis militum et quinque equestris ordinis,
senatorum ferme liberis, quo magis ratam fore cum iis
pacem societatemque crederet, traduntur.

[LX.—LXI. *The war in Spain.* 218 B.C.]

LX. Cneius Scipio wins the seaboard between the Pyrenees and the Ebro, defeats Hanno and takes his camp at Cissis.

60 Dum haec in Italia geruntur, Cn. Cornelius Scipio in Hispaniam cum classe et exercitu missus cum ab
2 ostio Rhodani profectus Pyrenaeosque montes
circumvectus Emporias adpulisset classem,
3 exposito ibi exercitu, orsus a Laeetanis omnem
oram usque ad Hiberum flumen partim reno-
vandis societatibus partim novis instituendis
4 Romanae dicionis fecit. inde conciliata clementiae iustitiae-
que fama non ad maritimos modo populos sed in mediterraneis quoque ac montanis ad ferociores iam gentes valuit;
nec pax modo apud eos sed societas etiam armorum parta
est, validaeque aliquot auxiliorum cohortes ex iis conscriptae
5 sunt. Hannonis cis Hiberum provincia erat; eum reliquerat Hannibal ad regionis eius praesidium. itaque,
priusquam alienarentur omnia, obviam eundum ratus, castris
6 in conspectu hostium positis in aciem eduxit. nec Romano
differendum certamen visum, quippe qui sciret cum Hannone
et Hasdrubale sibi dimicandum esse malletque adversus

singulos separatim quam adversus duos simul rem gerere.
nec magni certaminis ea dimicatio fuit. sex milia hostium 7
caesa, duo capta cum praesidio castrorum; nam et castra
expugnata sunt, atque ipse dux cum aliquot principibus
capiuntur, et Cissis, propincum castris oppidum, expugnatur.
ceterum praeda oppidi parvi pretii rerum fuit, supellex 8
barbarica, ac vilium mancipiorum; castra militem ditavere 9
non eius modo exercitus, qui victus erat, sed et eius, qui
cum Hannibale in Italia militabat, omnibus fere caris rebus,
ne gravia inpedimenta ferentibus essent, citra Pyrenaeum
relictis.

LXI. Hasdrubal who had crossed the Ebro routs some stragglers near Tarraco, and induces the Ilergetes to revolt. Scipio besieges and reduces first them and then the Ausetani.

Priusquam certa huius cladis fama accideret, transgressus 61
Hiberum Hasdrubal cum octo milibus peditum,
mille equitum, tamquam ad primum adventum
Romanorum occursurus, postquam perditas
res ad Cissim amissaque castra accepit, iter
ad mare convertit. haud procul Tarracone 2
classicos milites navalesque socios vagos palan-
tisque per agros, quod ferme fit, ut secundae
res neglegentiam creent, equite passim dimisso
cum magna caede, maiore fuga ad naves conpellit. nec 3
diutius circa ea loca morari ausus, ne ab Scipione oppri-
meretur, trans Hiberum sese recepit. et Scipio raptim ad 4
famam novorum hostium agmine acto, cum in paucos
praefectos navium animadvertisset, praesidio Tarracone
modico relicto Emporias cum classe rediit. vixdum digresso 5
eo Hasdrubal aderat, et Ilergetum populo, qui obsides
Scipioni dederat, ad defectionem inpulso, cum eorum
ipsorum iuventute agros fidelium Romanis sociorum vastat.
excito deinde Scipione hibernis, toto cis Hiberum rursus
cedit agro. Scipio relictam ab auctore defectionis Ilergetum 6
gentem cum infesto exercitu invasisset, conpulsis omnibus

7 Atanagrum urbem, quae caput eius populi erat, circumsedit
intraque dies paucos pluribus quam ante obsidibus imperatis
Ilergetes pecunia etiam multatos in ius dicionemque recepit.
8 inde in Ausetanos prope Hiberum, socios et ipsos Poenorum,
procedit, atque urbe eorum obsessa Lacetanos auxilium
finitimis ferentes nocte haud procul iam urbe, cum intrare
9 vellent, excepit insidiis. caesa ad duodecim milia; exuti
prope omnes armis domos passim palantes per agros
diffugere. nec obsessos alia ulla res quam iniqua oppu-
10 gnantibus hiems tutabatur. triginta dies obsidio fuit, per
quos raro umquam nix minus quattuor pedes alta iacuit;
adeoque pluteos ac vineas Romanorum operuerat, ut ea
sola, ignibus aliquotiens coniectis ab hoste, etiam tutamen-
11 tum fuerit. postremo, cum Amusicus, princeps eorum, ad
Hasdrubalem profugisset, viginti argenti talentis pacti
deduntur. Tarraconem in hiberna reditum est.

[LXII.—LXIII. *Rome during the winter.* 218—217 B.C.]

LXII. At Rome numerous portents are announced, and expiated by solemn ceremonies.

62 Romae aut circa urbem multa ea hieme prodigia facta
aut, quod evenire solet motis semel in religionem animis, multa nuntiata et temere credita
2 sunt; in quis, ingenuum infantem semenstrem
3 in foro olitorio triumphum clamasse, et *in* foro
boario bovem in tertiam contignationem sua sponte escen-
disse atque inde tumultu habitatorum territum sese deiecisse,
4 et navium speciem de caelo adfulsisse, et aedem Spei, quae
est in foro olitorio, fulmine ictam; et Lanuvi hastam se
commovisse et corvum in aedem Iunonis devolasse atque
5 in ipso pulvinario consedisse, et in agro Amiternino multis
locis hominum specie procul candida veste visos nec cum
ullo congressos, et in Piceno lapidibus pluvisse, et Caere

sortes extenuatas, et in Gallia lupum vigili gladium ex
vagina raptum abstulisse. ob cetera prodigia libros adire 6
decemviri iussi; quod autem lapidibus pluvisset in Piceno,
novemdiale sacrum edictum; et subinde aliis procurandis
prope tota civitas operata fuit. iam primum omnium urbs 7
lustrata est, hostiaeque maiores quibus editum est dis
caesae, et donum ex auri pondo quadraginta Lanuvium 8
Iunoni portatum est, et signum aeneum matronae Iunoni in
Aventino dedicaverunt, et lectisternium Caere, ubi sortes
adtenuatae erant, imperatum, et supplicatio Fortunae in
Algido; Romae quoque et lectisternium Iuventati et 9
supplicatio ad aedem Herculis nominatim, deinde universo
populo circa omnia pulvinaria indicta, et Genio maiores
hostiae caesae quinque, et C. Atilius Serranus praetor vota 10
suscipere iussus, si in decem annos res publica eodem
stetisset statu. haec procurata votaque ex libris Sibyllinis 11
magna ex parte levaverant religione animos.

Consulum designatorum alter Flaminius, cui eae legiones, 63
quae Placentiae hibernabant, sorte evenerant,
edictum et litteras ad consulem misit, ut is
exercitus idibus Martiis Arimini adesset in
castris. hic in provincia consulatum inire 2
consilium erat memori veterum certaminum
cum patribus, quae tribunus plebis et quae
postea consul prius de consulatu, qui abrogabatur, dein de triumpho habuerat, invisus 3
etiam patribus ob novam legem, quam Q.
Claudius tribunus plebis adversus senatum
atque uno patrum adiuvante C. Flaminio
tulerat, ne quis senator cuive senator pater fuisset mariti-
mam navem, quae plus quam trecentarum amphorarum
esset, haberet. id satis habitum ad fructus ex agris 4

LXIII. Flaminius one of the consuls, remembering a former dispute with the Senate, goes to Ariminum meaning to enter on his office there. Indignant at this the Senate sends envoys to recall him but in vain. An accident of ill omen befalls Flaminius.

vectandos; quaestus omnis patribus indecorus visus. res
per summam contentionem acta invidiam apud nobilitatem
suasori legis Flaminio, favorem apud plebem alterumque
5 inde consulatum peperit. ob haec ratus auspiciis ementiendis Latinarumque feriarum mora et consularibus aliis
inpedimentis retenturos se in urbe, simulato itinere privatus
6 clam in provinciam abiit. ea res ubi palam facta est,
novam insuper iram infestis iam ante patribus movit: non
cum senatu modo sed iam cum dis inmortalibus C. Flami-
7 nium bellum gerere. consulem ante inauspicato factum
revocantibus ex ipsa acie dis atque hominibus non paruisse; nunc conscientia spretorum et Capitolium et sollem-
8 nem votorum nuncupationem fugisse, ne die initi magis-
tratus Iovis optimi maximi templum adiret, ne senatum
invisus ipse et sibi uni invisum videret consuleretque, ne
Latinas indiceret Iovique Latiari sollemne sacrum in monte
9 faceret, ne auspicato profectus in Capitolium ad vota
nuncupanda, paludatus inde cum lictoribus in provinciam
iret. lixae modo sine insignibus, sine lictoribus profectum
clam, furtim, haud aliter quam si exilii causa solum vertisset.
10 magis pro maiestate videlicet imperii Arimini quam Romae
magistratum initurum, et in deversorio hospitali quam
11 apud penates suos praetextam sumpturum. revocandum
universi retrahendumque censuerunt et cogendum omnibus
prius praesentem in deos hominesque fungi officiis, quam
12 ad exercitum et in provinciam iret. in eam legationem—
legatos enim mitti placuit—Q. Terentius et M. Antistius
profecti nihilo magis eum moverunt, quam priore consulatu
13 litterae moverant ab senatu missae. paucos post dies
magistratum iniit, inmolantique ei vitulus iam ictus e
manibus sacrificantium sese cum proripuisset, multos circum-
14 stantes cruore respersit; fuga procul etiam maior apud

ignaros, quid trepidaretur, et concursatio fuit. id a plerisque in omen magni terroris acceptum. legionibus inde duabus a Sempronio prioris anni consule, duabus a C. Atilio praetore acceptis, in Etruriam per Appennini tramites exercitus duci est coeptus.

NOTES.

As in a few cases reference has been made to variations of reading, it may be stated that the following abbreviations are used to denote the three principal MSS. containing the 21st book of Livy.

P. = Puteanus, so called after its possessor, in the Paris library. It is the oldest MS., for it is assigned to the 8th (by Weissenborn to the 6th) century, and the best, and the other two are descended from it. It is not complete, containing only parts of c. 20—21, c. 29, 30 and the concluding chapters 41. 13 to the end.

C. = Colbertinus, also in the Paris library, end of the 10th or beginning of the 11th century.

M. = Mediceus, in the library at Florence, 11th century.

Chapter I.

p. 1. 1 § 1. *in parte operis* etc.] *pars operis* is opposed to *summa totius*, while *prae* in *praefari* corresponds to *in principio*. 'I may say at the beginning of a part of my work what many historians have stated at the beginning of the whole of theirs'.

2 *plerique*] 'many', so often in Livy. In the prose writers who preceded him it only = most.

6 § 2. *nam*] introduces four reasons why the war was memorable. (1) Rome and Carthage were the two most powerful states that had ever met in conflict; (2) they were each of them stronger then than at any other point in their history; (3) they were well acquainted with each other's tactics; (4) the result of the conflict was long doubtful. *Etiam* adds another circumstance, (5) their mutual hatred, which leads on to the mention of the cause of the war.

inter se] gives a meaning of reciprocity, 'against each other'.

7 *his ipsis*] sc. the Romans and Carthaginians. This is understood from *validiores*, which of course = *validiores quam Romani et Carthaginienses*.

9 *inter sese*] with *conferebant*.

13 § 3. *ultro*] 'that they presumed to attack'.

inferrent] the subj. because this is represented as the thought of the Romans.

14 *superbe avareque*] in reference to the Roman demand for the cession of Sardinia in 238 B.C., and for the payment of 1200 talents. See Introduction.

quod crederent] the subjunctive is incorrectly used, for *crederent* does not really express the motive of the Carthaginians. By a carelessness of expression it is represented as a part of it. 'Being indignant because they believed that' is put for 'being indignant because, as they believed', the conquered had been hardly treated. Cf. Cic. *de Fin.* I. 24 *Macedonum legatis accusantibus, quod pecunias praetorem in provincia cepisse arguerent=quod, ut arguebant, cepisset;* and *Phil.* II. 4. 1, Mayor's note.

§ 4. *fama est*] generally, 'it is said', without necessarily implying the use of tradition as opposed to writing.

15 *annorum*] cf. XXX. 37. 9 *novem annorum a vobis profectus post sextum et tricesimum annum redii.*

16 *blandientem*] used as a verb of asking, coaxingly entreating, 'coaxing'.

Hamilcari] see Introduction.

17 *Africo bello*] the war of the mercenaries, Introduction § II. It lasted 3 years and 4 months, 241—237 B.C.

traiecturus] merely 'before crossing'. The future participle is used with a variety of shades of meaning in Livy. Before him it was only used in conjunction with some part of *sum*.

18 *altaribus*] the plural is used almost exclusively even of a single altar.

p. 2. 2 § 5. *Sicilia Sardiniaque amissae*] 'the loss of Sicily and Sardinia'. This use of the participle agreeing with a substantive, meaning the same as an abstract substantive with an objective genitive depending upon it, is of constant occurrence in Livy.

CHAPTER II.

7 § 1. *sub recentem...pacem*] 'immediately after'. Cf. 18. 13.

quinque...deinde novem] i.e. 241—236 B.C.: 236—227 B.C. So says Livy, but incorrectly. Hamilcar was apparently 4 years in Africa after the end of the first Punic war (241—237 B.C.) and 8 years in Spain (237—229 B.C.).

13 § 3. *pueritia*] not strictly accurate. He was 18.

14 *Hasdrubal*] under Hasdrubal the Carthaginian power in Spain made great strides. He founded New Carthage, and induced many of the Spanish tribes to join the Carthaginian alliance under his command. This is probably the meaning of Diodorus 25. 12 *ὑπὸ πάντων τῶν Ἰβήρων ἀνηγορεύθη στρατηγὸς αὐτοκράτωρ*. Fabius, an unfavourable witness, quoted by Polybius, says that he tried to establish a monarchy at Carthage (*ἐπιβαλέσθαι καταλύσαντα τοὺς νόμους εἰς μοναρχίαν περιστῆσαι τὸ πολίτευμα τῶν Καρχηδονίων*, Pol. II. 8). It is possible that he tried to effect democratic reforms of the kind accomplished by Hannibal after the end of the second Punic war.

octo...annos] 227—220 B.C. according to Livy, but really 228—221 B.C. Livy's arrangement would defer the campaigns of Hannibal in Spain to 220—219 B.C. and the siege of Saguntum to 218 B.C., in which as we shall see, c. 15, he was wrong.

17 § 4. *aliam...animi*] *animi* explains *aliam*. *profecto* corrects *uti ferunt*. 'Other qualities, assuredly those of the mind.'

factionis Barcinae] the patriotic or war party, which was also generally speaking the popular party, and in favour of reform. The peace party to which it was opposed consisted of the landowners and capitalists of Carthage, and was generally the aristocratic party. The former led by Hamilcar Barca, whence its name, had come into notice during the war with the mercenaries, being aided by the incompetence of the aristocratic leaders. Diodorus, probably following Fabius, speaks of the *Barcina factio* as *ἑταιρεία τῶν πονηροτάτων ἀνδρῶν*, and Livy would here restrict it to the army and the rabble. But Livy's account is inconsistent. In 2. 4, he says Hasdrubal was appointed *haud sane voluntate principum*. The *principes*, the leading men, would be represented in the senate; yet we find in 4. 1 that Hasdrubal's request has a large majority in its favour in the senate. In c. 10 Hanno, the leader of the aristocratic party, is in a minority of one.

19 *haud sane*] 'certainly not'. 32. 10.

principum] the leading men, members of the great families at Carthage, and men of property, who would generally belong to, or be represented in, the senate.

in imperio positus] an unusual expression. Cf. VI. 35. 1 *in summo imperio locatis*.

23 § 6. *nihilo...tutior*] i.e. than war had been to Hamilcar.

ob iram] we should say 'in anger at'.

24 *interfecti...domini*] so I. 5 *Sicilia Sardiniaque amissae.* For the genitive cf. Verg. *A.* II. 313 *ereptae virginis ira.*

27 *praebuerit*] *fuit* having preceded, the ordinary sequence would be *praeberet.* Livy however, like Nepos, often uses the perf. subjunctive with a consecutive *ut* preceded by a secondary tense. It is done to give greater liveliness to the narrative, and is analogous to the change from a past tense to the historic present.

28 § 7. *mirae artis*] see I. 5 *ingentis spiritus virum.*

29 *foedus renovaverat*] in 225 B.C. The treaty renewed, with an additional clause making the Iberus the boundary in Spain, was that of 241 B.C.

30 *ut*] this, which really expresses the consequence, serves further to define *foedus renovaverat.* We should say making the Iberus the limit.'

31 *Saguntinisque...libertas servaretur*] this additional article, which is of importance as bearing on the question whether the Carthaginians were justified in the way in which they began the war, is not mentioned by Polybius. But he says, III. 21. 1, that when the Roman ambassadors went to Carthage to demand satisfaction for the capture of Saguntum the Carthaginians 'passed over the treaty with Hasdrubal, as having never been made or, if made, being no concern of theirs, as it had been concluded without their authority'. Perhaps we may conclude from this that Polybius did think the treaty contained such a clause.

The Romans had made an alliance with the Saguntines probably in the preceding year, 226 B.C. It was perhaps owing to the representations of the latter that the Romans made the treaty with Hasdrubal in 225 B.C.

mediis] not geographically accurate. Saguntum was S. of the Iberus, and it is not likely that their territory extended as far N. as that river. See on 44. 6.

CHAPTER III.

p. 3. 1 § 1. *in Hasdrubalis locum*] there is an anacoluthon here. It would seem that Livy had intended to conclude the sentence with *Hannibal succederet*; but he goes on to speak of the vote of the soldiers and its effect. *In Hasdrubalis locum* is thus left without construction, the meaning it conveys being 'with regard to the supplying of Hasdrubal's place'.

quin...favor plebis sequebatur] this is the reading of the best MSS.

but it is almost certain that some words have been lost after *appellatus rat.* Wölfflin, without supposing a lacuna, reads *quin praerogativam militarem...favor plebis sequeretur. sequeretur* occurs in a late MS. This is translateable, though we might have expected that the *senatus* would have been mentioned besides the army and people.

praerogativa] *praerogativa*, whether used adjectivally with *centuria* or substantivally without it, properly means the century which was asked for its vote first at the *comitia*. From the electoral body it comes to mean the vote given by that body. So generally, the choice or previous choice.

6 § **2**. *accersierat*] Livy here follows a different account from that given in I. 4, that Hannibal went to Spain with his father when quite young, and one with which the other historians agree.

7 *acta...fuerat*] Livy occasionally uses such forms as *actus fui*, *fuero*, *fueram* with the same meaning as *actus sum*, *ero*, *eram*. The prose writers who preceded him only used *fui* etc. with the participle in an adjectival sense. The distinction will be seen from the following instance. *Templum clausum est* (perf.) = the temple was-closed. *Templum clausum fuit* (*clausum* adjectival) = the temple was closed (but is so no longer i.e. there was a time when the temple was in a closed state. Again *templum clausum erat* = the temple had-been-closed. *Templum clausum fuerat* = there had been a time when the temple was closed.

9 § **3**. *Hanno*] surnamed the Great, though for what reason we do not know, was the head of the aristocratic party which was favourably disposed to Rome. He was the personal enemy of Hamilcar, who had been preferred to him by the Carthaginian army to command them against the mercenaries.

12 § **4**. *in se...convertisset*] 'attracted the attention'. It is used in a different sense in 4. 1.

15 *pro militari rudimento*] *pro* = *quasi esset*, 'by way of military training'.

praetorum] used by Livy of foreign generals in its original sense (*prae-itor* = leader).

16 § **5**. *Hamilcaris*] emphatic, 'the son of a Hamilcar'.

17 *regni paterni speciem*] 'the show of royalty assumed by his father'. Hamilcar and his successors in Spain were practically independent of the home government. Diodorus says of Hasdrubal XXV. 12 ὑπὸ πάντων τῶν Ἰβήρων ἀνηγορεύθη στρατηγὸς αὐτοκράτωρ.

19 *parum mature*] opposed to *nimis sero*.

Chapter IV.

22 § **1.** *ac*] explanatory, 'in fact'.

The meaning is 'in fact generally speaking (*ferme*) all the well disposed' (and no more).

optimus quisque] in a political sense, all those of the aristocratic party. To Livy this party appeared the better, as is seen from *meliorem*. Cicero constantly uses *boni* for the aristocratic party.

26 *in se convertit*] 'won over', in a different sense from 3. 4 *cum in se omnes convertisset.*

§ **2.** *Hamilcarem iuvenem*] Hamilcar had fallen in the prime of life.

27 *eundem*] with *habitum oris lineamentaque* as well as with *vigorem.*

28 *habitum oris*] 'expression' 2. 6. *lineamenta*, features.

29 *pater*] i.e. his resemblance to his father.

in se] in his case, 'with him'.

momentum] (*movimentum*) that which communicates an impulse, turns the scale, and so decides a question. Hence 'a cause' or, to use a different metaphor 'a factor'.

31 § **3.** *diversissimas*] 'most opposite'.

32 *haud facile discerneres*] 'one could hardly have distinguished'. The imperfect subjunctive may be used like the pluperfect to express a hypothetical act in the past, only the latter is used of a completed, the former of a continued, act. The difference is illustrated in Hor. *Sat.* I. 3. 6 *si collibuisset, ab ovo Vsque ad mala citaret, Io Bacche.*

p. 4. 2 § **4.** *praeficere*] used without a dative again in 12. 1 *cum praefecerat Hannibal.*

ubi...esset] 'whenever'. This use of the subjunctive to express repeated action is rare in the prose writers who preceded Livy. They used the indicative. Cic. *Verr.* 5. 10 *cum rosam viderat tum incipere ver arbitrabatur.*

6 § **6.** *patientia*] nominative.

cibi...modus finitus] lit. the limit of his food...was fixed, i.e. the amount was regulated.

8 *discriminata*] an archaistic word = *divisa.*

9 § **7.** *id*] = *id tantum.*

superesset] the subjunctive, as in *esset* § 4, denotes repeated action, 'only what remained over each day'. Cf. XXII. 12 *castris nisi quantum usus necessarii cogerent tenebatur miles.*

12 § **8.** *vestitus nihil inter aequales excellens*] 'his dress was not in any way remarkable among *that of* his fellows. For a similar compendious expression cf. 45. 6 *daturum se operam ne cuius suorum popularium mutatam secum fortunam esse vellent*, where *secum* = *cum sua fortuna.*

16 § **9.** *inhumana crudelitas*] Polybius IX. 22. 7 τινὲς μὲν γὰρ ὠμὸν αὐτὸν οἴονται γεγονέναι καθ' ὑπερβολήν. His action in putting to death all the Romans whom he found on his march through Italy after the battle of Trasimene certainly justifies the epithet. Yet his generous treatment of his fallen foes, Flaminius, Gracchus and Marcellus, seems incompatible with an excess of barbarity.

perfidia] 'Punic faith' was proverbial among the Romans, cf. Horace's *perfidus Hannibal, C.* IV. 4. 49. Cicero *de leg. agr.* 2. 95 says *Carthaginienses fraudulenti et mendaces non genere sed natura loci.* Brought thereby into contact with numerous traders and strangers they were tempted to cheat them for the sake of gain. Verg. *A.* I. 661 *Tyriosque bilingues.*

17 *nihil veri, nihil sancti* etc.] The Latins having no single words to express the abstract ideas which follow, the construction is changed. It may be rendered 'He had no regard for truth, no sense of right, no awe of the Gods, no reverence for the sanctity of an oath, no conscience'.

CHAPTER V.

22 § **1.** *ceterum*] is resumptive, the narrative has been taken up again from 3. 1. This use is consistent with the etymology of the word (which = with regard to the remainder) and is analogous to the French '*du reste*'.

declaratus] by Senate and people. *Appellatus*, 3. 1, by the army.

26 § **2.** *cunctantem*] = *si cunctaretur*, the protasis to *opprimeret.*

28 § **3.** *movebantur*] the imperfect is used instead of a periphrastic future to express the certainty of the consequence of an attack on Saguntum. It constituted a *casus belli.*

Olcadum fines] the Olcades lived to the north of New Carthage in the upper course of the Anas (Guadiana).

29 *ultra Hiberum*] from Livy's point of view, i.e. W. of the Hiberus.

31 *rerum serie*] 'the course of events', further explained by *finitimis domitis gentibus*, and *iungendo*. The latter is used absolutely for 'the process of rounding off'. Plin. *Epp.* III. 19. 2 *praedia agris meis*

vicina venalia sunt, in his me multa sollicitant...sollicitat ipsa pulchritudo iungendi.

32 § 4. *Cartalam*] this was the Carthaginian name. The first part of the word = city. Melcart = the prince of the city. Polybius calls it Ἀλθαία. There is now an Aldéa on a tributary of the Guadiana.

p. 5. 2 *quo metu*] a short way of expressing *cuius rei metu.*

3 *victor*] 'victorious': for the use of the substantive as an adjective cf. 40. 11 *cum foederum ruptore populo.*

4 *hiberna*] for the winter 221—220 B.C.

5 § 5. *partiendo...exsolvendo*] these depend on *firmatis*, being ablatives of the means.

6 *in se firmatis*] 'confirmed in their loyalty towards him'. *se* refers to Hannibal. It is used as though *promovit* had been written instead of *promotum.* Of course Hannibal is thought of as acting. He is the logical subject.

7 *Vaccaeos*] in the upper valley of the Durius (*Douro*). The centre of their territory would be about where the city of Valladolid now stands.

§ 6. *Hermandica*] called Ἐλμαντική by Polybius, now Salamanca.

8 *Arbocala*] the situation of Arbocala is not known.

9 § 7. *ab Hermandica*] in prose of the best period *Hermandica.*

10 *profugi*] 'fugitives'. The employment of adjectives as substantives is much extended in Livy. Cicero uses only *boni, docti, mortales,* and a few other adjectives, in this way, all adjectives expressing a class.

11 § 8. *Carpetanos*] a large tribe living in the centre of Spain in the upper valley of the Tagus. Their capital was *Toletum* (Toledo).

12 *procul Tago*] in prose of the best period *procul a Tago.*

13 *agmen*] as usual of an army on the march, opp. *acies.*

15 § 9. *ab hostibus*] local, on the side of the enemy, 'among the enemy'.

valloque ita producto] *ita* is restrictive. 'Extending his entrenchments only so far as to give the enemy room to cross'. Hannibal made his entrenchment either a little way back from the bank and opposite the ford, or on the bank a little above or below the ford. If we may conclude anything from *delati* § 15, it was a little below the ford.

Polybius does not mention this device for inducing the enemy to cross. He merely says πρόβλημα ποιησάμενος τὸν Τάγον.

18 § 10. *inpeditum*] in difficulties, 'thus placed at a disadvantage'.

19 *autem*] notice the explanatory use of *autem.* Parentheses like this are characteristic of the style of Livy.

21 § 11. *invicta acies*] the participle contains the apodosis to *dimi-*

caretur, as *cunctantem* contains the protasis to *opprimeret*, 2; 'an army that would have been invincible if', etc.

22 § **12**. *ingenio feroces*] 'naturally courageous'. This is the ordinary meaning of *ferox*. *ferus* or *saevus* = fierce.

23 *id*] = *id tantum* 'that their victory was *only* delayed by the fact that the river was between them'.

24 *qua cuique proximum est*] lit. by the way by which it is nearest for each man, i.e. 'each man by the nearest way'. Polybius, τῶν γὰρ βαρβάρων ἐπιβαλομένων κατὰ πλείους τόπους βιάζεσθαι καὶ περαιοῦσθαι τὸν ποταμόν.

25 § **13**. *et*] introduces the simultaneous action of the Romans. It may thus perhaps be rendered here 'meantime'.

ex parte altera ripae] = *ex altera ripa*. *Ex parte altera* would have been a complete expression, but Livy feels it is too vague and adds *ripae* to localise it. *ripae* is a genitive of definition. Madvig, *L. Gr.* § 286.

27 § **14**. *quippe ubi*] = *quippe in quo* (i.e. *medio alveo*) which Livy wishes to avoid, 'as there'.

pedes...eques] contrasted, 'while the cavalry...the infantry'. Between clauses which in Greek would be contrasted by μὲν and δὲ the adversative particle is often omitted in Latin.

28 *ac*] 'and indeed'. *ac* is constantly used to subjoin something which is more emphasised than what precedes. An instance of its explanatory use has occurred in 4. 1.

vado] 'even the shallow waters', contrasted with *medios gurgites*, the mid-stream.

temere acto] 'ridden at him anyhow'.

p. 6. 3 § **16**. *agmine quadrato*] 'in battle array'. The word is constantly used of an army which is on the march, yet so disposed as to be ready for action. It does not mean an arrangement by which all the soldiers face outwards, which we should imply by a 'square': the expression for this is *orbis*.

CHAPTER VI.

8 § **1**. *serebantur*] by Hannibal, *litis sator*, 2. The *certamina* were between the Saguntines and the Turdetani, not between Hannibal and the Turdetani. In 12. 5 Hannibal demands of the Saguntines *redderent res Turdetanis*.

9 *Turdetanis*] The Turdetani, 'the most civilized and the least warlike

of the Spanish people' as Mommsen calls them, occupied the S. W. of Spain between the Baetis (Guadalquivir) and Anas (Guadiana). It appears however from this passage, and the mention of a city Turda in this part of Spain XXXIII. 44. 4, that a tribe of the same name were neighbours of the Saguntines.

14 § 3. *P. Cornelius Scipio et Ti. Sempronius Longus*] the consuls of 218, to which year Livy assigns the siege. The siege really took place in 219 B.C., for which year M. Livius Salinator and L. Aemilius Paullus were consuls. Afterwards, in c. 15, Livy recognises that there is a difficulty in assigning the siege of Saguntum, the march to Italy, and the battle of Trebia to the same year. Perhaps the mistake is connected with that in c. 2, 2 and 3 according to which Livy places the succession of Hannibal in 220 B.C. instead of 221 B.C.

15 *de re publica rettulissent*] 'moved for a discussion of the situation'.

17 § 4. *quibus si*]=*qui si iis*.

18 *Saguntinis sociis populi Romani*] when they became so is not known for certain. Polybius III. 30. 1 says πλείοσιν ἔτεσιν πρότερον τῶν κατ' Ἀννίβαν ἐδεδώκεισαν αὑτοὺς εἰς τὴν τῶν Ῥωμαίων πίστιν. It was probably shortly before the conclusion of the treaty with Hasdrubal in 225 B.C. (2. 7) Mommsen dates the formation of the alliance 'about' 226 B.C.

21 § 5. *necdum missa*] Polybius III. 15. 2 says this embassy *ad res sociorum inspiciendas* was actually sent. ἐξαπέστειλαν τοὺς ἐπισκεψομένους ὑπὲρ τῶν προσπιπτόντων. According to him it had an interview with Hannibal at New Carthage in the winter 220—219, i.e. before the siege of Saguntum, and then proceeded to Carthage. He makes no mention of any embassy which, like this one whose proceedings are described by Livy, was sent during the siege, was refused an audience by Hannibal, and on going to Carthage demanded his surrender.

omnium spe celerius] 'sooner than anyone expected'.

24 § 6. *decernentes*] *decerno* is used of the votes given by individual senators, as well as of decisions of the whole senate, cf. 10. 13, where Hanno says *tertiam legationem...decerno*.

25 *intendebant*] 'were for directing'.

26 § 7. *movendam*] we should say 'to take action in so important a matter'.

28 § 8. *eo maturius*] the sooner for the arrival of the news of the siege.

CHAPTER VII.

p. 7. 1 § 1. *Saguntum*] now Murviedro.

4 § 2. *oriundi*] i.e. *cives*, suggested by *civitas*.

5 *ab Ardea*] with *Rutulorum*. It is thus equivalent to *Rutulorum Ardeatium*.

generis] governs *Rutulorum*.

6 § 3. *ceterum*] reverting to *opulentissimae* which is explained in the following sentence. Cf. 5. 1.

8 *disciplinae sanctitate*] 'the strictness of their rule'.

qua] 'in pursuance of which'.

9 *coluerunt*] the use of the perfect shews that a particular occasion, i.e. when their fidelity to Rome brought them into trouble, is referred to.

12 § 5. *cetera*] sc. *loca*. This use of neuter plurals to indicate localities is especially frequent in Livy.

cetera circa] the employment of adverbs for adjectives (e.g. *cetera vicina loca*) or relative clauses (e.g. *cetera quae circa erant*) is rare in Livy's predecessors, and marks him as belonging to the beginning of the silver age.

vergens in] 'looking towards'.

13 *vineas*] these were moveable sheds of planks or wicker-work covered with raw hides as a protection against fire. Each *vinea* was about 8 ft. high and 16 ft. long; but a number of them could be joined in line and run up close to the walls, so that the ram could be brought up underneath them. Rich's *Dict. Ant.*

per quas] 'under cover of which'.

14 § 6. *procul muro*] cf. 5. 8 *procul Tago*, note.

15 *effectum operis*] 'the completion of the work', i.e. the bringing up of the ram in preparation for which the penthouses had been pushed forward.

16 *coeptis succedebat*] so XXV. 37. 19 *si successisset coeptis:* the personal construction is also used.

17 *ut*] 'as was natural'.

§ 7. *ceterae altitudinis*] a short expression for 'the height of the wall along the rest of its extent'.

18 *emunitus*] 'built up'. The preposition has the same force as e.g. in *erigere agmen* = to march up hill, 32. 8.

ubi plurimum periculi ac timoris ostendebatur] lit. where most danger and fear were to be expected, i.e. where there was most prospect and apprehension of danger.

20 § 8. *nec quicquam satis tutum*] lit. 'no complete safety' i.e. 'no sort of safety', by a kind of litotes. *satis* with a negative often = 'quite'. For the whole expression cf. Sall. *Jug.* 88. 2 *nihil apud illos tutum pati.*

22 *pro moenibus...tela micare*] as *tela* may mean either missiles or arms this clause may be rendered either (1) darts flew flashing before the walls, or (2) weapons gleamed upon the walls (*pro* as in *pro rostris* = on the front part of, hence simply 'on'). The latter rendering seems to suit the context better.

micare] this may be a poetical synonym for *volare*, as often in Virgil; but according to the rendering just preferred it merely means to flash.

24 § 9. *haud ferme plures*] 'as a rule not more'.

25 § 10. *ut vero*] here, as often, indicates a climax.

26 *femur...ictus*] this, the so-called Greek accusative, is poetical. It occurs in Livy but not in Cicero or Caesar.

CHAPTER VIII.

30 § 1. *dum vulnus ducis curaretur*] *dum* means 'whilst'; but the subjunctive is used because a purpose is implied in *quies erat*, lit. 'that meantime the general's wound might be treated'.

31 *ut...ita*] 'whilst...yet', 7. 6.

p. 8. 2 § 2. *pluribus partibus*] no longer only at the weak point *angulus muri*, 7. 5.

vix accipientibus...opera locis] 'although the ground in some places scarcely admitted of works being erected'.

4 § 3. *abundabat...non sufficiebant*] the sentence is arranged chiastically.

6 *satis creditur*] 'it is generally believed'. So *satis constat*, 1. 1. 1.

§ 4. *ad omnia tuenda atque obeunda*] 'to protect all points and meet all attacks'. The words are best taken with *non sufficiebant*.

7 *coepti*] *coeptus sum* etc. is regular with the passive infinitive. The participle with the passive infin. occurs only here and XXIV. 7. 10 *Puteolos per bellum coeptum frequentari emporium communivit.*

9 § 5. *una continentibus ruinis nudaverat urbem*] *una* sc. *pars:* opposed to *multae partes.*

continentibus ruinis] 'a continuous breach'. This is explained by the next clause, *tres deinceps turres* etc.

To say 'one part...had left the city exposed' is a strange use of language. It is due to Livy's fondness for welding two clauses into one. The two clauses are—one part had fallen: the breach thus made had left the city exposed. We must translate: 'at one point a continuous breach had left the city exposed'.

deinceps] local, 'in succession'.

11 § **6**. *ruina*] 'downfall'.

12 *qua*] 'and *yet* at it'. Such a sense must sometimes be supplied to the relative from the context.

velut si] as though the Saguntines had made a breach in a Carthaginian wall, just as in fact the Carthaginians had broken through the wall which defended the Saguntines.

utrimque] by the Saguntines as well as the Carthaginians.

14 § **7**. *per occasionem partis alterius*] 'when either party has an opportunity'. Cf. XXIV. 3. 17 *levia proelia ex occasione aut opportunitate huius aut illius partis*, where *occasio* is used of a chance seized, *opportunitas* of a chance given.

15 *iustae acies*] 'regular lines of battle', so *iusta pugna*, as opposed to *tumultuaria* (a skirmish).

18 § **8**. *cepisse...si paulum adnitatur*] *adnitatur* is used as though *cepisse* were a future, and so in sense it is, being an anticipatory perfect. In oratio recta they would say 'another effort and the city is ours'. Cf. 43. 2 *si quem animum...habuistis, eundem mox...habueritis, vicimus, milites.*

21 *inmitteret*] 'let the enemy rush in'. By a figure of speech which represents the consequence of your action as your own act.

§ **9**. *confertim magis*] a necessary circumlocution, for *confertius* (implying a positive *conferte*) occurs only in much later Latin.

Madvig reads *acrius et conferti magis*, on which Weissenborn remarks that where an adverb and an adjective are used together thus the adjective precedes, e.g. II. 30. 11 *effusi et contemptim pugnam iniere.*

23 *vano*] part of the predicate, 'without effect'.

§ **10**. *phalarica erat Saguntinis missile telum*] 'as a missile the Saguntines used the *phalarica* (a weapon) with a shaft of pine'.

The *phalarica* was a national weapon of the Spaniards, though not confined to them. Except by its size it does not appear to be materially distinguished from other javelins. Sometimes it was weighted by a circular mass of lead near the head, though this was not the case with the *phalarica* described here. It was generally used in sieges, its name being said to be derived from the *phalae* or towers from which it was hurled, and sometimes discharged by a catapult. Lucan VI. 198 *tortilibus vibrata phalarica nervis.* It was also used in the open field: XXXIV. 14. 11.

24 *cetera tereti*] so I. 35. 6 *vis cetera egregia:* a poetical and colloquial use of the accusative not found in Cicero or Caesar. Hor. *C.* IV. 2. 60 *cetera fulvus.*

25 *id*] sc. *extremum.*

sicut in pilo] this only refers to *quadratum.*

27 § **11**. *cum armis corpus*] compare the description of the *phalarica* hurled by Turnus, Verg. *A.* IX. 705

> *Sed magnum stridens contorta phalarica venit*
> *Fulminis acta modo; quam nec duo taurea terga,*
> *Nec duplici squama lorica fidelis et auro*
> *Sustinuit.*

30 § **12**. *medium accensum*] 'lighted in the middle'. This *medium* is the square part of the shaft between the round part and the head. In § 10, where the shaft is being spoken of irrespective of the head, it is called *extremum.*

medium is an accusative of the same kind as *femur*, 7. 10.

conceptum] *concipere ignem* = to catch fire: *conceptum ignem* consequently means the fire which it had caught, i.e 'the flame kindled upon it'.

31 *ipso motu*] an ablative of cause depending on *maiorem:* cf. Horace's

> *Carthago probrosis*
> *Altior Italiae ruinis.* C. III. 5. 39, 40.

CHAPTER IX.

p. 9. 3 § **2**. *pro victo esset*] was as if conquered, 'regarded themselves as conquered'; cf. 3. 4 *pro militari rudimento.*

5 *inpeditum*] entangled in the ruins of the breach; 5. 10 *inpeditum agmen.*

8 § **3**. *ab Roma*] in prose of the best period the preposition would be omitted.

legatos] they had been sent to Spain on the arrival of the news that Saguntum was besieged, 6. 8.

11 *operae esse*] this phrase has been explained, (1) as a genitive of the same kind as *prudentiae est*; (2) as a predicative dative, lit. 'that it was not a matter of attention'. Roby, *Lat. Gram.* § 1283, prefers the latter view. In either case the meaning is 'that he had not time'.

12 § **4**. *non admissos*] 'if not admitted'. Cf. *cunctantem*, 5. **2**; *invicta acies*, 5. 11.

13 *factionis Barcinae*] see note on **2**. **4**.

Chapter X.

17 § **1**. *ea quoque*] this mission, like that to Hannibal. *Legatio* is oftener used in a concrete sense.

18 § **2**. *Hanno*] see note on 3. **3**.

causam foederis...egit] 'pleaded the cause of the treaty', i.e. urged that it should be respected. Probably that of 225 B.C. is meant. c. 2. 10.

19 *non cum adsensu*] adversative asyndeton 'but not with the approval'.

25 § **3**. *supersit*] the strict sequence would be *superesset* as *egit* indicates the time: but in reported speeches a change from secondary to primary sequences sometimes occurs where a secondary verb has preceded, for the sake of variety or vividness. It is analogous to the change from past tenses to the historic present in oratio recta.

quietura] in a different sense from *conquiescere* above, 'would never be left undisturbed'.

27 § **4**. *si...vivat*] we should say 'in living'.

ex bellis bella serendo] = *bello continuando*, 'by joining war to war'. *serendo* expresses the means by which Hannibal's immediate end *armis succinctus vivat* is attained.

30 § **5**. *foedere*] either the treaty of 241 B.C. in which it was stipulated that neither nation should interfere with the allies of the other, or that of 225 B.C. made with Hasdrubal, 2. 7 *ut finis utriusque imperii esset amnis Hiberus, Saguntinisque mediis inter imperia duorum populorum libertas servaretur.*

32 *rupta foedera*] Hanno speaking in the interests of the Romans is made to represent as the cause of the First Punic war, not the alliance formed by the Romans with the Mamertines (see Introduction), but the violation of a clause in the third treaty between Rome and Carthage in

279 B.C. 'Ρωμαίους μὲν ἀπέχεσθαι Σικελίας ἁπάσης, Καρχηδονίους δ' Ἰταλίας, by the appearance of a Carthaginian fleet before Tarentum, which was being besieged after the Pyrrhic war. Polybius, III. 20, denies that there was any such clause, and rebukes Philinus who was responsible for the statement. Livy follows the same account as Philinus, *Epit.* XIV. *Carthaginiensium classis auxilio Tarentinis venit; quo facto ab his foedus violatum est.*

Probably Polybius is right. In any case its violation in 272 B.C. was not the cause of the First Punic war in 264 B.C.

p. 10. 1 § 6. *fortunam utriusque populi*] every nation was thought to have its own Fortune, a sort of genius or tutelary spirit. Cf. XXXVIII. 46. 5 *magna est Fortuna populi Romani.* For a similar idea in poetry cf. Verg. *A.* VII. 293, 294

Fatis contraria nostris
Fata Phrygum.

2 *bonus*] ironical.

4 *unde*] i.e. from the presence of the general.

5 *res...repetunt*] 'they demand satisfaction'. An ordinary phrase in Roman international law. So *res reddendas*, 13.

ut publica fraus absit] 'to clear the State of guilt'.

7 § 7. *eo*] the apodosis begins here.

8 *Aegatis insulas Erycemque*] the victory of C. Lutatius Catulus which terminated the First Punic war was won at the *Aegates insulae.*

Erycem] the mountain overhanging Drepana occupied by Hamilcar during the last years of the war. It is mentioned in connection with the *Aegates insulae* because Hamilcar had to evacuate it on the conclusion of peace.

9 *quae passi sitis*] depending upon *proponite*, which in translation one would repeat.

11 § 8. *isti*] in a contemptuous sense. The Barcine party is referred to.

Tarento, id est Italia] 'from Tarentum, and therefore from Italy'. The clause in the treaty to which Hanno alludes prescribed that the Romans should not enter Sicily, nor the Carthaginians Italy. See note on 5.

13 § 9. *di*] cf. 5 *ducibus iisdem dis.* The MSS. have *di hominesque*, which would mean the Gods, in alliance with the Romans.

15 *unde ius stabat, ei victoriam dedit*] *unde=a quo*, and thus contains the relative to *ei.*

For *stare ab aliquo*, to stand on a person's side, cf. Cic. *de Inv.* I. 43. 81 *a se potius quam ab adversariis stare*, and *ab hostibus*, on the side of the enemy, 5. 9.

20 § **11.** *in eo*] i.e. *in Hannibale*, 'where Hannibal is concerned'.

21 *paternas inimicitias*] Hanno had been the personal enemy of Hamilcar, because during the war against the mercenaries the latter had been preferred to him as general by the Carthaginian army; Pol. I. 82.

24 § **12.** *dedendum...devehendum* etc.] *puto* or some such word must be supplied. Its omission is rather harsh.

25 *ad piaculum*] 'to atone for'. Accurately *ad piaculum = ut piaculum sit; piaculum* meaning a person or thing offered in atonement. So 23. 3 *ad praesidium obtinendae regionis = ut praesidium esset.*

26 *ablegandum*] more emphatic than *devehendum*, 'removed far away'. There is no notion of disgrace in *ablegare* as in *relegare.*

27 *accidere*] lit. fall upon, so, 'to reach'. It often occurs in this sense. 61. 1 *priusquam certa huius cladis fama accideret.*

28 *statum*] Greek κατάστασις, settled condition, peace. XXXV. 11. 9 *omni praesenti statu suam cuique novandi spem blandiorem esse.*

29 § **13.** *legatos*] *alios* is to be supplied with this.

p. 11. 1 *decerno*] the same in sense as *censeo.*

CHAPTER XI.

2 § **1.** *adeo*] 'indeed'. This use of *adeo*, placed at the beginning of a clause to explain or confirm a statement which has just been made, is not found in Prae-Augustan prose. Used in such a way *adeo* is sometimes attached to a particular word in the sentence in which it occurs, e.g. II. 28. 2 *eam rem consules...ad patres deferunt, sed delatam consulere non potuit, adeo tumultuose excepta est clamoribus undique et indignatione patrum.* Sometimes it affects the whole sentence, Tac. *Agricola* 1 (the context is, writing one's autobiography was not formerly thought to imply arrogance) *Adeo virtutes iisdem temporibus optime aestimantur quibus facillime gignuntur.* 'So true it is that' etc. In this passage *adeo* refers to the whole sentence, not only to *prope omnis.*

4 *arguebant*] i.e. *senatores;* cf. 7. 2, note.

Flaccum Valerium] the usual order would be *Valerium Flaccum.* The gentile name (here *Valerius*) and the cognomen (here *Flaccus*) are occasionally transposed even by the best writers, generally however only when, as here, the praenomen is omitted.

6 **§ 2.** *ab Saguntinis*] Hannibal according to 6. 1 had stirred up quarrels between the Saguntines and their neighbours the Turdetani, and then apparently interfered on behalf of the latter.

According to Polybius he justified his designs against Saguntum by alleged outrages on Carthaginian subjects; III. 15. 8 πρὸς δὲ Καρχηδονίους διεπέμπετο, πυνθανόμενος τί δεῖ ποιεῖν, ὅτι Ζακανθαῖοι πιστεύοντες τῇ Ῥωμαίων συμμαχίᾳ τινὰς τῶν ὑφ' αὑτοὺς ταττομένων ἀδικοῦσι. In any case it was most unlikely that the Saguntines were the real aggressors. Hannibal was bent on a war with Rome. πάλαι...παρωρμημένος πρὸς τὴν κατὰ Ῥωμαίων ἔχθραν.

8 *Saguntinos*] for the sentence to balance accurately this should be *Saguntinorum*. The meaning is probably the same as if it had been. For a similar compendious expression cf. 45. 6 *daturum se operam ne cuius suorum popularium mutatam secum fortunam esse vellent.*

vetustissimae] the earliest treaty between the Romans and Carthaginians is apparently assigned by Polybius to 509 B.C. Mommsen has however made it probable that the correct date was 348 B.C. Even so the Carthaginians could point to a treaty made 120 years before.

11 **§ 3.** *quia fessum habebat*] a slightly more emphatic way of saying *quia fessus erat*, 'finding his soldiers tired'. It is different from the use of *habeo* with the pass. participle, e.g. *compertum habeo*, which implies the continuance of the effect of the action.

14 *in hostes stimulando*] explains *ira*. *ira hostium* would have corresponded more closely with *spe praemiorum*. But *ira hostium* (which = *irasci hostibus*) cannot mean anger felt against the enemy, although *odium hostium* (which = *odisse hostes*) may mean hatred against the enemy.

15 **§ 4.** *ut vero*] introducing a climax as in 7. 6.

pro contione] before the assembled army.

19 **§ 5.** *aliquot*] 'several', rather inclining to the meaning of a considerable number. *paucorum*, 3, 'a few' without any such meaning.

21 *reficerent*] build in place of the old one.

22 **§ 6.** *atrocior*] 'fiercer'. Cf. note on 5. 12.

23 *nec...satis scire poterant*] 'they could not be quite sure'. After negatives *satis* has often a stronger sense (e.g. quite satisfactorily) than in positive sentences (e.g. tolerably). Cf. for the latter 8. 3 *satis creditur:* for the former 13. 4.

25 **§ 7.** *turris mobilis*] such a tower (also called *ambulatoria*) moved on wheels so that it could be advanced against the enemy's walls. It consisted of several stories (*tabulata*), the lowest containing the battering

ram, the upper ones drawbridges, cranes, etc. to lower the besiegers on to the walls, the highest being filled with light troops who cleared the opposite ramparts of their defenders before the bridge was let down for the assault. Rich's *Dict. Ant.*

27 *catapultis ballistisque*] the former engines discharged darts or bolts, the latter masses of stone.

28 § **8**. *occasionem ratus*] 'thinking his opportunity was come'.

30 *caementa*] stones as they were cut from the quarry, i.e. unsquared, 'rubble'.

31 *durata*] 'bound into a hard mass'.

32 § **9**. *caederetur*] the subjunctive is used to express repeated action: the prose writers who preceded Livy would use the indicative for this purpose. Cf. 4. 4, note.

ruebat] *murus*.

p. 12. 1 *patentia ruinis*] 'the space left open by the fall', cf. 5 *qua patefactum oppidum ruinis erat*. The construction of a neuter adjective with the ablative is rare.

3 § **10**. *inminentem*] absolute, so in 7. 7 *turris ingens inminebat*.

4 *ab nondum capta parte urbis*] *ab* local, so 10 *ab ea parte urbis*; 5. 9 *ab hostibus*.

6 § **11**. *minorem in dies*] this must be an exaggeration. The Saguntines would have raised a wall after the event described in 8. 5, and they are said to have done so in 11. 10: but they would hardly have continued to raise new lines of wall day after day.

7 § **12**. *omnium*] = *omnium rerum*. Livy is very free in the use of neuter plurals as substantives.

10 § **13**. *adfectos animos*] 'their dejected spirits': ordinarily *adfectus* is qualified by an adverb: so 41. 1 *aliter adfectum*; 43. 1 *sic adfectos*.

11 *Oretanos*] the Oretani lived, like the Olcades 5. 3, on the upper Anas (Guadiana) and also on the Sierra Morena between the valleys of the Guadiana and Guadalquivir. They were a more important tribe than the Olcades who are not mentioned anywhere except in the passage referred to.

Carpetanos] see on 5. 7.

12 *consternati*] 'dismayed'.

Chapter XII.

15 § **1**. *Maharbale*] mentioned again in 45. 2. All the notices we have of Maharbal bear out the account of him given here. After the battle

of Thrasymene he pursued and captured 6000 Romans who had escaped from the field, XXII. 7. It was this Maharbal who after the battle of Cannae urged Hannibal to allow him to press on with the cavalry, promising him that, should he do so, within five days he should sup in the Capitol, XXII. 51.

16 *praefecerat*] used absolutely as in 4. 4 *neque Hasdrubal alium quemquam praeficere malle.*

18 § 2. *et...et...que*] if three substantives or clauses are linked by *et...et...et* it may be generally assumed that they are of equal importance; if by *et...et...que* or some different copula, that the two last belong more closely to each other, being subdivisions of one idea to which the first is opposed. We may take this to be the case here: *discussit, strataque...ostendit* are both subdivisions of one idea, success in demolition, to which *proelia fecit*, success in fighting, is opposed. This rule however, though observed by prose writers preceding him, is frequently neglected by Livy, who uses the copulas arbitrarily.

21 § 3. *ad ipsam arcem*] 'straight to the citadel'. XXIII. 11. 7 *venerat Mago...non ex ipsa acie...missus, sed retentus aliquot dies in recipiendis civitatibus Bruttiorum.*

25 *Temptata...exigua spes*] a short way of expressing 'slight as the hope of peace was, an attempt was made to gain it'.

27 § 4. *aliquid moturum*] 'that he would effect something', so *nihil movebant* immediately afterwards.

28 *postquam...movebant*] *postquam* with the imperfect expresses both the commencement and the continuance of an action, thus: when his tears had failed to produce any effect and continued to produce none, i.e. 'when he found that his tears were producing no effect'. 28. 4 *postquam pellebantur.*

29 *tristes*] 'severe'.

ferebantur] = *offerebantur.*

transfuga ex oratore factus] like Horace's *scriba ex quinqueviro, S.* II. 5. 56. *orator* means an envoy: so Terence, *Hecyra*, Prol. 2. 1 *orator ad vos venio ornatu prologi.*

30 *sub condicionibus*] we should say 'on these terms'. The expression is post-classical: *his condicionibus* is generally used.

31 § 5. *autem*] explanatory, as in 5. 10 and 6 in this chapter.

32 *Turdetanis*] it was on the pretext of avenging some wrong done to the Turdetani by the Saguntines that Hannibal had attacked Saguntum, cf. 6. 1.

p. 13. 1 *singulis vestimentis*] sc. besides that actually worn, 'a single change of raiment'.

2 *iussisset*] in or. recta, *iusserit*.

3 § **6**. *alia*] = τἆλλα, *cetera*. This incorrect use of *alius* for 'the other' is rare in writers of the best period, but occurs not unfrequently in Livy and the writers succeeding him: again in 27. 6 *et alius exercitus*.

4 *interpretem*] 'the negotiator'.

5 *publice*] 'the recognized guest and friend of the Saguntine community'. He was their πρόξενος, to use the Greek term: cf. 13. 2 *pro vetusto hospitio quod mihi vobiscum est*.

7 § **7**. *praetorem*] the word commonly employed by Livy of foreign magistrates or generals. So in 3. 4.

et ipse ita iubebat] *et* is a simple copula, introducing the clause as it might if *et erat forte eius amicus* had been written.

9 § **8**. *omnis generis*] genitive of description, with *hominum*. Cf. 21. 2 *Hispani generis milites*.

10 *senatus datus est*] an audience in the senate was given him.

CHAPTER XIII.

14 § **1**. *quo*] 'in the prosecution of which': so 7. 3 *disciplinae sanctitate qua fidem socialem usque ad perniciem suam coluerunt*.

orator] cf. 12. 4, note.

15 *veni, sed*] the MSS. have *venissem*. Madvig thought that *veni set* was originally written, which was taken for *venisset*, and subsequently altered into the first person.

16 § **2**. *si periculum est apud vos vera referentibus*] 'if those who tell a true story in your assembly run any risk'.

18 *pro*] 'in consideration of'.

20 § **3**. *alterius*] often used as a genitive of *alius*. Hannibal is meant.

vel ea fides sit, quod neque...neque...mentionem feci] the subject is *quod ...mentionem feci*; *id quod mentionem feci* as it would have been, but that *id* is attracted into agreement with *fides*.

vel] 'even this fact' (to cite no other).

21 *fides*] first meaning 'trust' is also used of that which produces trust, i.e. a guarantee, proof; cf. 34. 3 (*rogantes*) *ad fidem promissorum obsides acciperet*.

23 § 4. *postquam...est*] *postquam* is used with the present to indicate the present result of a past action. Here for instance the present result is 'there is no hope': the past action, which is only implied, is 'there has ceased to be hope'. The words must be rendered 'now that there has ceased to be hope', or 'now that there is no hope'.

24 *satis*] 'adequately', see note on 11. 6 *nec...satis scire poterant.*

26 § 5. *cuius*] = *et tamen eius;* cf. 8. 6, note.

ita...si] *ita* is restrictive, 'only...if'.

27 *fert*] = *offert:* so *ferebantur*, 12. 4.

30 § 6. *dirutam...habet*] *dirutam...habet* which should be taken together = *diruit*, and is a strong form of the perfect implying continuance of the effect of the action. *captam habet* on the other hand gives a better sense rendered as = *captam possidet*, 'most of which he has destroyed, and almost the whole of which he has captured and holds in possession'.

p. 14. 2 § 7. *servat*] there is no violation of the usage as regards conditional sentences in Latin, for *servat* = *promittit se servaturum.*

binis] here, unlike *singulis* 12. 5, inclusive of that actually worn.

6 § 9. *haec patienda censeo potius, quam...sinatis*] where two actions are compared by means of *potius quam*, the verb which follows *potius quam* is in the subjunctive, whether *ut* is used or not; e.g. *depugna potius quam servias*, Cic. *ad Att.* 7. 7; Roby, *Lat. Gramm.* § 1676. Unless the two actions depend on a verb of willing or declaring, when they are both expressed by the infinite; XXIII. 9. 8 *sed hic te deterreri sine potius quam illic vinci.* This is a case where the latter rule would apply; but *sinatis* is the only possible part of the verb, *sinenda* being out of the question.

CHAPTER XIV.

11 § 1. *populi concilium*] Livy generally uses *concilium* of the popular assemblies of foreign peoples, *contio* in the case of the Romans.

12 *primores*] these were probably members of the aristocratic party which had favoured the Romans, and which therefore had most to fear from the Carthaginians in the case of a capitulation. The Romans had on one occasion interfered in the internal affairs of Saguntum and put to death the leaders of the party opposed to their interests, Pol. III. 15. 7.

primores is afterwards restricted to *plerique*. The fact is, two sentences, the first of which has for its subject *primores*, the second *plerique*, are welded into one. The first should end with *secessionem fecerunt*, but *secessionem fecerunt* is thrown into a subordinate clause, and the sentence continued.

15 *ad id*] 'for that purpose'.

16 § 2. *ex eo*] 'from this circumstance'.

17 *insuper*] = besides; I. 5 *stipendio etiam insuper inposito.*

21 § 3. *occasione*] there was no breach of a truce on the part of Hannibal. The attempts of Alco and Alorcus to obtain peace seem to have been individual and informal efforts.

22 *momento*] generally *temporis* or *horae* is added.

24 *crudele*] *fuit* must be supplied. Perhaps Livy originally intended to write *crudele, sed prope necessarium fuit, ut cognitum ipso eventu est.*

25 § 4. *cui enim parci potuit*] this wholesale slaughter is not mentioned by Polybius, who merely says (III. 17. 9) κατὰ κράτος εἷλε τὴν πόλιν. In 213 B.C. the Romans retook the city and restored it to those of its original inhabitants who survived, XXIV. 42. 10.

27 *ante...quam morientes*] a slight incorrectness of expression: one would expect *ante...quam occisi sunt*, or *nisi...morientes.* Livy however uses *ante quam* followed by a participle or an ablative absolute in several passages; e.g. III. 51. 13 *non ante quam perlatis legibus...deposituros imperium se aiebant.*

Wölfflin remarks that the account of the siege of Saguntum is arranged like a tragedy in three acts, separated from each other by two episodes which interrupt the narrative just when the interest is highest.

I. (cc. 7, 8.) The attack is begun with difficulty. Hannibal is wounded. After a severe struggle the balance inclines in favour of the Saguntines, and it really appears as if they might be ultimately successful.

a. Then comes the first episode (c. 9. 3—11. 2): the arrival of the Roman embassy, and the debate in the Carthaginian senate.

II. The conflict is renewed. The Saguntines are outnumbered. Part of the city, and then part of the citadel, are taken. The capture of the city seems imminent (c. 11. 3—12. 3).

b. The account of its capture is deferred by the second episode: the attempts of Alco and Alorcus to obtain peace (c. 12. 3—13).

III. Last (c. 14) comes the final act: the self-immolation of the leading men, the capture of the city, and the massacre of its inhabitants.

CHAPTER XV.

28 § 1. *ingenti praeda*] this is hardly consistent with the account given in 14. 1, as Livy sees, for he adds a qualifying phrase. Polybius makes mention of the booty but not of the immolation. Livy would have both. He must have derived his account from a Roman source, perhaps Coelius Antipater. The conquest of Saguntum was a favourite topic of rhetoricians, and *Saguntina rabies* (XXXIII. 17. 5) almost a Roman proverb.

32 § 2. *aliquantum*] 'a considerable amount'.

p. 15. 2 *Carthaginem*] Polybius explains his object in doing this, III. 17. 11 τοὺς Καρχηδονίους ἑτοίμους παρεσκεύασε πρὸς τὸ παραγγελλόμενον.

3 § 3. *Octavo mense, quam*] *quam = postquam:* so again in this section. Cf. III. 8. 2 *tertio die quam interregnum inierat.*

4 *quidam*] especially Polybius III. 17. 9 ἐν ὀκτὼ μησὶ κατὰ κράτος εἷλε τὴν πόλιν.

in hiberna] for the winter 219—218 B.C.

5 *quinto...mense*] Hannibal started from New Carthage in May 218, and reached Italy about the end of November.

7 § 4. *P. Cornelius Ti. Sempronius*] as Livy had said himself, 6. 3, they were coss. 218 B.C. Accordingly it is to this year that he had assigned the siege of Saguntum.

10 *ambo*] only Sempronius actually fought at the battle of Trebia, Scipio being incapacitated by a wound, 53. 6. Both however were in command of the armies opposed to Hannibal, 52. 1.

14 § 6. *nam*] here, as so often, indicates the omission of a clause. In this case it would be 'there is no other alternative', or something of the kind.

excessisse in annum] 'cannot have fallen so late as'. XXX. 26. 1 *haec eo anno in Africa gesta. insequentia excedunt in eum annum qui* etc., where *excedunt* = last over into.

pugna ad Trebiam] sc. *commissa*, which the stricter usage of earlier prose writers would require to be expressed.

The argument in sections 3—6 is as follows.

§ 3. Livy notices the account as given in Polybius and others that the siege of Saguntum lasted eight months in one year, that after it Hannibal retired into winter quarters, and that he started in the spring and reached Italy in five months in the next year.

§ 4. With this he finds the account followed by himself in 6. 1, i.e. that the siege of Saguntum was in 218 B.C., will not agree. If the siege lasted eight months in 218 B.C. there was not time for the battle of Trebia to be fought in the same year.

§ 5. He is therefore reduced to supposing either

(1) that the siege lasted less than eight months, or

(2) that it did last eight months, and that his own account was partially wrong, as it only ended in 218 B.C. having begun in 219 B.C.

(3) A third supposition, that the siege did both begin and end in 218 B.C. and did last eight months, but that the battle of Trebia was fought in 217 B.C. in the consulship of Flaminius, is only mentioned to be abandoned, for Flaminius was appointed by Sempronius after the battle of Trebia, and before the conclusion of Sempronius' year of office.

Neither of these first two suppositions (the third is not seriously urged) is satisfactory. Livy only tries to reconcile his own story with the eight months' siege, and not with the rest of the account followed by Polybius. According to the first he merely shortens the eight months, according to the second he accepts them, but does not reconcile his account with that of Polybius, which says that Hannibal went into winter quarters after the siege of Saguntum.

Apparently Livy adopted the second suggestion. At any rate when he alludes to the siege of Saguntum again he implies that it lasted eight months, 30. 9.

CHAPTER XVI.

20 § 1. *Sub idem tempus*] the return of the ambassadors is introduced here to account better for the consternation at Rome. If they had been sent at the beginning of the siege, as appears from 6. 5 and 7, they must have returned long ere its close.

23—25 § 2. *que...et...et...que*] Livy here uses the copulatives arbitrarily as he often does. In the prose writers preceding him substantives and clauses on the same footing are linked by similar conjunctions. Cf. note on 12. 2.

25 *summa rerum*] 'the existence of the state'.

26 *velut si esset*] this belongs only to *metus*.

tot uno tempore motibus] this in sense is an adjectival phrase = 'so many simultaneous emotions'. The use of *uno tempore* here may be compared with that of *circa* in *patentiorem quam cetera circa vallem* 7. 5.

30 § 4. *Sardos Corsosque*] wars of small importance with the natives of Sardinia and Corsica had ensued on the annexation of the former island, 238 B.C. They were brought to a close in 234 B.C.

Histros] the expedition to Istria in 221 B.C. seems to have been a completion of the first Illyrian war, being aimed at the destruction of the last lurking-places of the Adriatic pirates.

p. 16. 1 *Illyrios*] in 229 B.C. the Romans sent envoys to Teuta, queen of the Illyrians, to protest against the piracies of the latter in the Adriatic. Teuta replied by murdering the envoys. War was declared, and a Roman fleet of 200 sail speedily reduced the Illyrians to submission. They were forbidden to appear south of Lissa with more than two ships at a time, 228 B.C.

In the spring of this same year, 219 B.C., one Demetrius, whom the Romans had set over part of Illyria after the former war, had broken the treaty. The consul L. Aemilius Paullus had attacked and soon driven him into exile.

Sardos Corsosque are closely associated on the one hand and *Histros atque Illyrios* on the other. Hence in each case the words closely associated are united by a different copula from that which links the two sets of associated words; cf. 12. 2, note.

2 *cum Gallis*] although the operations with the Gauls are spoken of slightingly, Rome was for a time in considerable danger. In 225 B.C. there was a general rising of all the Gauls in what was afterwards Gallia Cisalpina, except the Veneti and Cenomani. They advanced as far as Clusium, three days march from Rome. Caught between the army of one consul advancing from Pisa and the other descending from Ariminum they were defeated at Telamon; even after this the war was prolonged four years.

§ 4. *tumultuatum verius quam belligeratum*] 'there had really been skirmishing rather than regular war': *tumultus* is used especially of civil war, or war against invading Gauls, in either case war in Italy, thus causing special alarm, war with aggravating circumstances. *quid est enim aliud tumultus nisi ut maior oriatur timor?* Cic. *Phil.* 8. 1. 2. On the other hand *tumultuatum* here implies operations of less importance than *belligeratum*. The idea emphasised is that of haste rather than alarm. Cf. *tumultuarii milites*, hastily raised troops. *Tumultus* itself is sometimes used contemptuously of a disorderly attack, 28. 4.

3 § **5**. *trium et viginti annorum*] i.e. 241—218 B.C., the interval between the First and Second Punic wars. The Cathaginians had not been fighting the Spaniards all this time, as Hamilcar did not cross over to Spain till 237 B.C.

8 § **6**. *in Italia*] it does not appear however that the Romans apprehended an invasion. On the contrary it is evident from 17. 1 that they intended to carry the war into the enemy's country. Pol. III. 15. 13 οὐ μὴν ἐν Ἰταλίᾳ γε πολεμήσειν ἤλπισαν, ἀλλ' ἐν Ἰβηρίᾳ.

ac] 'and what was more'. Here as is often the case *ac* subjoins something of greater importance than what precedes, cf. 5. 14 *pedes instabilis ac vix vado fidens.*

Chapter XVII.

10 *Nominatae*] the senate decided which provinces were to be assigned to the consuls (*decernere nominare*). The question as to which consul should have which province was decided by the consuls themselves, either by arrangement (*comparare*) or as here by lot (*sortiri*).

At this time the senate determined the provinces either before or after the consular elections. In 123 B.C. C. Gracchus by the *Lex Sempronia de provinciis* enacted that it must do so before they took place.

13 § **2**. *socium*]=*sociorum*, the ordinary form occurs immediately. The form *socium* is generally only used in the phrases *praefectus socium*, *socium Latini nominis*, 55. 4.

14 *parari*] *parare* is here used of fitting out ships, *ornare* in 26. 8 of building them.

§ **3**. *quattuor et viginti...milia...mille octingenti equites*] that is to say six legions each containing 4000 infantry and 300 cavalry. Seven years later, in 211 B.C., there were 23 legions in the field. Everything shews that the Romans had no conception how severe the struggle was going to be.

17 *quattuor milia et quadringenti equites*] *mille* is used as an adjective, *milia* as a substantive. Consequently *mille equites*, but *quattuor milia equitum* should be written. This rule is not violated in *quattuor milia et quadringenti equites*. It is not *milia* that agrees with *equites*, but only *quadringenti*, *equitum* being omitted after *quattuor milia*. *quattuor milia equites* would never occur.

19 *quinqueremes*] here used as an adjective, generally as a substantive.

celoces] light galleys distinguished by the fact that there was only one man to each oar, Rich's *Dict. Ant.* The word is related to *celer* as *atrox* to *ater* and *ferox* to *ferus*.

20 § 4. *vellent iuberent*] 'was it their will and pleasure'. In or. recta *velitis iubeatis*.

21 *eiusque belli causa supplicatio*] i.e. after the declaration of war had been sanctioned by the people. That it was sanctioned appears from *quod...iussisset*.

supplicatio] a kind of solemn service or litany, decreed as a thanksgiving (often as the prelude to or substitute for a triumph), or as an expiatory rite to avert some calamity portended by omens (as in c. 62), or, as here, on some occasion of great importance to the State. In the course of a *supplicatio* all classes of citizens went in procession to the different temples where the images of the gods were displayed on couches (*pulvinaria*); cf. 62. 8.

22 *quod bellum*] the transference of the antecedent to the relative clause is in archaic style, often occurring in edicts, terms of peace etc. Occasionally it is employed, as being unusual, to give greater emphasis.

24 § 5. *ea quaterna milia erant peditum*] the pronoun in sense refers to *legiones*, but is assimilated to the predicate, *milia erant*, XXX. 1. 2 *pergit ire ad urbem, iussis legionis hastatis—ea duo milia militum erant—sequi*. The attraction is a very common one; cf. 13. 3 *vel ea fides sit, quod* etc.

quaterna milia] the number applies equally to the other four legions mentioned below.

28 § 6. *ita...si*] *ita* is restrictive, 'only...if': so above, 13. 5.

30 § 7. *Manlius...et ipse...mittebatur*] 'as Manlius was to be sent into Gaul, also (i.e. like Cornelius) with a considerable force'. *et ipse*=*ipse quoque* contrasts or compares the person spoken of with some other person mentioned before; cf. 23. 5 *septem milia remisit quos et ipsos gravari militia senserat*, i.e. as well as the Carpetani who had deserted. On the other hand in some cases where *et ipse* occur together *et* is a simple *copula*: cf. 12. 7, note.

Cicero writes *ipse quoque* for *et ipse*. He rarely uses *et* for *etiam*.

p. 17. 2 § 8. *ea parte belli*] lit. in that part of the scene of war, i.e. 'on that element'.

3 *cum suo iusto equitatu*] with their regular complement of cavalry, i.e. 300; 8. 7 *iustae acies*.

4 § 9. *duas legiones*] this was the force of Manlius, the *haud invalidum praesidium* mentioned in 7.

6 *eodem versa*] neut. plur. as it refers to the different objects *legiones, milia, equites.*

eodem versa = 'destined for the same purpose'; *eodem* is explained by *in Punicum bellum.*

7 *habuit*] 'received' in the apportionment made by the Senate; 'contained' would be expressed by *habebat.*

CHAPTER XVIII.

8 § 1. *ut omnia iusta fierent*] the clause depends on *mittunt. Iusta* 'the due formalities' as described by the fetial usage. IX. 8. 7 *interea consules exercitum scribere armare educere placet, nec prius ingredi hostium fines quam omnia iusta in deditionem nostram perfecta erunt.*

9 *maiores natu*] as having more weight. Thus before the Jugurthine war first *tres adulescentes* are sent, Sallust *de Bell. Jug.* 21. 4; and then, when this embassy had failed, *maiores natu nobiles amplis honoribus usi, ibid.* 25. 4.

12 *publicone consilio*] 'on the authority of the State'. The embassy which had been sent during the siege of Saguntum had demanded the surrender of Hannibal, 7. Polybius mentions no embassy sent during the siege, and says that on this occasion the surrender of Hannibal was demanded on pain of war, III. 20. 8.

14 § 2. *defenderent publico consilio factum*] *factum* = *factum esse. defendere* is used as a verb of saying, 'maintained in its defence'. It is often used thus in Cicero. Compare also Tac. *Ann.* XIII. 43 *ille nihil ex his sponte susceptum sed principi paruisse defendebat.*

16 § 3. *senatus datus*] 12. 8 *senatus Alorco datus est.*

18 § 4. *praeceps*] the epithet refers to the demand of the embassy rather than to the embassy itself.

19 *et prior*] 'even the former'. Both then were overhasty, and their overhastiness consisted in this, that both assumed that the other parties were in the wrong, Hannibal in attacking Saguntum, the Carthaginians if they acknowledged his act. And yet it was possible that no valid agreement had been broken.

tamquam oppugnantem] 'on the supposition that he was attacking'.

20 *deposcebatis*] 10. 6 *auctorem culpae et reum criminis deposcunt. Cum* with the indicative expresses simultaneous action. We should say 'in asking'.

21 *verbis lenior, re asperior*] 'while milder in language' etc. This is an instance of adversative asyndeton. See note on 5. 14.

adhuc] 'as yet'. The speaker foresees that if the answer is 'no' the demand for Hannibal's surrender will be renewed, if 'yes' satisfaction will be demanded of the Carthaginians, or war declared.

asperior] the speaker represents it as more cruel of the Romans to ask a question, the answer of which they knew and intended to treat as a confession of guilt, than to make a straightforward demand.

23 § 5. *exprimitur*] sc. 'you seek to wring from us'.

25 § 6. *censeam*] the subjunctive implies an assumption of modesty which is here slightly ironical; 'I venture to think'. See *norint*, 38. 9.

27 § 7. *quid...fecerit*] this depends on *quaestio*. *animadversio*—'and his punishment if guilty', is added parenthetically. The sentence is further complicated by the insertion of '*in civem nostrum*' in the parenthesis and attached to *animadversio*. The meaning would have been clearer if, instead of '*Haec quaestio atque animadversio in civem nostrum* etc.', '*Haec quaestio de cive nostro* (*et animadversio in eum*) *quid fecerit*', had been written. This is in fact the way in which the words must be translated.

29 § 8. *itaque*] is logically connected with the whole succeeding paragraph 8—11, in which the obligations of the treaty are discussed as the speaker has just said they ought to be. It is not connected with *quoniam...faciant*. This is a merely ironical parenthesis, for it has just been observed that such questions with regard to generals merely concern the countries to which those generals belong.

31 *foedus...a C. Lutatio*] in 241 B.C., at the end of the first Punic war. The clause referred to is thus given by Polybius, ὑπάρχειν τοῖς ἀμφοτέρων συμμάχοις τὴν παρ' ἑκατέρων ἀσφάλειαν. The speaker implies that this agreement would not apply to allies enrolled after the treaty. Livy 19. 4 holds that it did.

p. 18. 1 § 9. *at enim*] introduces an objection: the phrase is elliptical ='but (it is not so) for'.

2 *Hasdrubale*] in the year 225 B.C. it was stipulated *ut Saguntinis mediis inter imperia duorum populorum libertas servaretur;* cf. 2. 7.

4 § 10. *quod foedus icit...negastis vos eo teneri*] the antecedent is transferred to the relative clause, which is placed first: so in 14 of this chapter: cf. 17. 4. The arrangement seems to be adopted as slightly more deliberate and emphatic than the usual one.

icit] rare, *percussi* is generally used.

6 *aliud de integro*] the second treaty of Lutatius, 241 B.C. The terms

were not very materially different from those of the first treaty 'Sicily' was to include the islands round it, and the indemnity was raised by 1000 talents.

8 § 11. *ne nos quidem*] 'neither are we etc.' *ne quidem* can bear this meaning as well as that of 'not even'. *nec quidem* is never used in the best writers.

9 *nobis insciis*] the Barcides in Spain, especially Hasdrubal, were practically independent of the home government. Cf. Pol. III. 21. 1 τὰς μὲν οὖν πρὸς Ἀσδρούβαν ὁμολογίας παρεσιώπων, ὡς οὔτε γεγενημένας εἴ τε γεγόνασιν οὐδὲν οὔσας πρὸς αὐτοὺς διὰ τὸ χωρὶς τῆς σφετέρας πεπρᾶχθαι γνώμης.

§ 12. *proinde*] 'so then', *proinde* is especially common with exhortations based on representations just made.

11 *aliquando*] 'at last'.

12 § 13. *sinu ex toga facto*] 'gathering up his toga into a bunch'.

13 *sub*] = lit. after; cf. *sub recentem pacem*, 2. 1. It may here be rendered 'at' or 'upon'.

14 *subclamatum*] *subclamare* means to cry out in rejoinder.

CHAPTER XIX.

19 § 1. *foederum iure*] 'the obligations of treaties' as discussed by the Carthaginian speaker in the preceding chapter.

20 *verbis disceptare*] 'to discuss in a war of words'.

cum ante, tum maxime] 'now, after the destruction of Saguntum, even more than before'.

21 *excisa*] agreeing per synesim with *urbe*. The fem. form *Saguntus* hardly occurs elsewhere in prose.

§ 2. *nam*] implies the omission of a sentence such as 'though they could have established their case in that way'. It may thus be rendered 'although'.

22 *quid*] 'in what respect'.

23 *priore*] is used of the first draft of the treaty of Lutatius, as compared with that one which was finally ratified.

24 § 3. *conparandum erat*] 'was it comparable'. This meaning suits the context better than 'ought it to have been compared'. In negative and quasi-negative sentences (here *quid conparandum erat* = *non conparandum erat*) the gerundive sometimes conveys the meaning of possibility rather than of obligation. E.g. Tib. IV. 4. 12 *votaque pro domina vix numeranda facit*. Roby, *Lat. Gram.* 1403. Cf. 43. 12.

25 *diserte*] 'expressly', not used in this sense before Livy.

ita...si] 'only if'; cf. 13. 5; 17. 6.

27 *fuerit*] the time is no longer that indicated in *conparandum erat*, but present. In the interest of the discussion Livy ceases to regard the matter as only concerning the men of that day ('How could they have compared') and treats it as a topic of present controversy ('How can you compare').

29 § 4. *etsi*] = *etiam si*.

staretur...cautum erat] the indicative is preferred in the apodosis as implying that in any case the Saguntines were protected by the treaty, whether the treaty were appealed to or not.

32 § 5. *cum...liceret*] 'as it was not forbidden'. This is the meaning required by the context, otherwise the clause *quis...recipi* goes without saying.

p. 19. 1 *ob nulla quemquam merita recipi*] i.e. that no services entitled any one to be received.

2 *tantum ne sollicitarentur*] 'provided only they were not invited'; cf. 52. 4 *id Romanus modo ne quid moverent aequo satis...animo ferebat.*

With regard to the rights of the case, Polybius like Livy contends that the clause in the treaty by which either State was forbidden to attack the allies of the other was violated by the attack on Saguntum. That clause must (he thinks) have applied to allies enrolled subsequently to the treaty, as it could not have been intended to forbid either State to enrol new allies. Yet in the circumstances it is doubtful whether this contention is correct.

The power of Carthage was increasing in Spain, the Roman alliance with Saguntum was formed for the express purpose of checking it. Was Carthage to be held guilty of a violation of the treaty of 241 B.C. if she was not stopped in her advance on Saguntum by the alliance of that city with Rome? Neumann (*Pun. Kriegen* 265) makes the state of affairs clearer by putting a parallel case. The power of Rome in Cisalpine Gaul was increasing. In 236 B.C. they had conquered the Boii, it was evident that they would shortly conquer the Insubres. Supposing the Carthaginians made an alliance with the Insubres, was Rome, if she continued her conquests over the Insubres, to be held guilty of a violation of the treaty of 241 B.C.? It appears that the action of Rome in allying herself with the Saguntines was such that she could not fairly appeal to the treaty of 241 B.C.

5 § 6. *ab Carthagine*] in prose of the best period *Carthagine*. Cf. 9. 3 *ab Roma*; 22. 5 *ab Gadibus*.

7 § 7. *Bargusios*] in the valley of the lower Sicoris (Segre). Borjas due E. of Lerida is thought to indicate the neighbourhood in which they once lived.

8 *quia taedebat imperii Punici*] explains *erexerunt*. It cannot go with *benigne excepti*, for the Bargusii, like the other tribes of the Ebro, were not subject to the Carthaginians.

10 § 8. *Volcianos*] not otherwise known, but evidently neighbours of the Bargusii.

11 *celebre*] has almost the force of a participle, 'becoming famous'.

13 § 9. *quae verecundia est*] lit. 'what sort of modesty is this?' i.e. how have you the face, etc.?

15 *qui id fecerunt*] *Saguntini* follows in the MSS. But to mention the name weakens the effect of *Saguntina clades* in the next sentence, and it has probably been rightly omitted by Madvig. *eos*, antecedent to *qui*, is omitted.

crudelius] there was some justification for this remark, as throughout the eight months' siege the Romans had made no attempt to assist the Saguntines, being engrossed with their own petty war against the Illyrians.

16 § 10. *quaeratis...censeo*] *censeo* is parenthetical and has no influence on *quaeratis*, which is the hortative subjunctive, as in Hor. *Sat*. I. 1. 63, 64 *quid facias illi? iubeas miserum esse libenter Quatenus id facit*.

18 *documentum*] 'warning'.

21 § 11. *tulere*] so *responsum ferre*, 'to get an answer'.

CHAPTER XX.

23 § 1. *In his*] *his* might = *Gallis* suggested by *Galliam* in the last chapter: but it appears from *ceteris conciliis*, 7, used in contrast with those who are here spoken of, that the proceedings of a particular tribe are described, the name of which has dropped out. Wölfflin thinks that, as the last words in the chapter are *Hispania in Galliam transeunt*, *his* may actually mean *Galli proximi ab Hispania*. It hardly suggests this meaning even to an attentive reader.

25 § 2. *verbis*] not as in *verbis disceptare*, 9, 1. *Extollere* needs the addition to shew that it is used metaphorically. *Extollere* alone would only = to raise.

28 § 3. *cum fremitu risus*] 'such uproarious laughter'.

30 *adeo*] cf. note on 11, 1.

§ 4. *stolida*] 'stupid', 'absurd'. Derived from the same root, *star*, *stultus* and *stolidus* have originally the same sense, i.e. immoveable; but the former has generally rather the meaning of silliness, the latter of dulness.

censere] 'to think it right', 'expect', repeats the idea contained in *postulatio*, because the latter could hardly govern the clause *ipsos... obicere*.

p. 20. 3 § 6. *contra ea*] = *contra*. Cf. *postea*, *praeterea*.

4 *gentis suae homines*] especially the Boii to the South, and the Insubres to the North, of the Po.

Since the first Punic war the Romans had been extending their sway in Lombardy. In 225 B.C. the Gauls north of the Appennines had marched south and been defeated at Telamon in Etruria. The Boii submitted the following year. The Insubres held out till 222 B.C. In 220 B.C. the Flaminian road was made to Ariminum, and in the present year the colonies of Cremona and Placentia were being founded on the N. and S. banks of the Po respectively.

pelli] in consequence of the foundation of Placentia and Cremona; cf. 25. 2.

5 *stipendium*] as subjects of Rome the conquered Gauls paid taxes.

cetera indigna] e.g. forced labour in the building and fortification of the new colonies.

7 § 7. *nec hospitale quicquam pacatumve satis auditum*] 'nor did they get a kindly or a quite peaceful answer'. Cf. 11. 6 and following section.

8 § 8. *inquisita*] is a participle. *cognita* = *cognita sunt*.

12 *subinde*] from time to time, continually (Fr. *souvent*): it also means thereupon (cf. *deinde*).

est] the indicative shews that this is an explanation of the writer.

16 § 9. *satis constante fama*] 'reports generally agreeing'.

Chapter XXI.

18 § 1. *Hannibal*] the narrative is resumed from c. 15.

19 *concesserat*] for the winter, 219—218 B.C.

20 *acta forent*] Livy and, in a less degree, Cornelius Nepos are much more free in the use of *forem* than the other classical writers. With the

former it is a mere ornamental synonym for *essem*, with the latter it is used only in two cases:

(1) In oratio obliqua where it represents *ero* in oratio recta.

(2) Where it expresses an unfulfilled condition.

Caesar and Cicero avoid *forem* altogether.

seque] this refers to Hannibal, the logical subject of the sentence, as *auditis* means *cum audivisset*.

21 *non ducem solum sed causam*] he had not been deprived of his command, the Carthaginians not having disowned his act, and war had been declared in consequence of this.

24 § 3. *et ipsos*] sc. you as well as I: cf. 17. 7, note.

25 *omnibus Hispaniae populis*] all, that is, S. of the Ebro.

26 *alias terras*] he does not as yet disclose the object of the march. Till the Pyrenees were reached the army had no clear idea as to its destination: cf. 23. 4.

27 *ita...si*] cf. 17. 6, note.

32 § 6. *commeatum*] 'leave of absence'.

edico adsitis] *ut* is omitted.

p. 21. 4 § 7. *desiderium*] properly a desire for that which is absent. However, 'separation' would render it here, it not being necessary to repeat the notion of desire which has just been expressed in *desiderantibus*.

5 § 8. *inter labores aut iam exhaustos aut mox exhauriendos*] the gerundive is used here as a mere attribute with the meaning of obligation or destiny, 'the labours they would have to endure'.

7 *ad edictum*] 'according to orders'.

9 § 9. *Gadis*] the most westerly city of ancient Europe. It was an old Phoenician settlement, but had probably come into the hands of the Carthaginians after the fall of Tyre.

Herculi] the Phoenician god Melcarth. The name means 'Prince of the city'. Melcarth has a certain resemblance to Hercules, in that, like him, he wandered over many lands. In him the Phoenicians typified their own enterprising spirit. He was preeminently the god of Tyre, but had also famous temples at Thasos and Gades, and at the latter place an oracle which Hannibal probably went to consult.

exsolvit] probably for the capture of Saguntum.

obligat...si evenissent] there is nothing irregular about this sentence, for *obligat se votis*=*promittit se soluturum vota*.

10 § 10. *partiens curas simul in inferendum atque arcendum bellum*] 'dividing his attention between preparations for invasion and defence'. Cf. Verg. *A.* 1. 194 *praedam socios partitur in omnes*.

13 *ab Sicilia*] on the side of Sicily. So 5. 9 *ab hostibus*, 11. 10 *ab nondum capta parte urbis*.

15 § **11.** *levium armis*] 'light-armed'. Cf. Tac. *Germ.* 6 *nudi aut sagulo leves*.

16 *melior futurus uterque miles*] one would expect *utrique* after *Afri*... *Hispani*, but it is attracted into agreement with *miles*.

17 *miles*] collective. The apposition of singular and plural substantives is common in Livy, e.g. 5. 11 *centum milia, invicta acies si aequo dimicaretur campo*.

mutuis pigneribus obligati] 'bound by an exchange of pledges'. Because each body of men would leave all that it held dear, wives, children and property, to the protection of the other. *obligati* means *obligati inter se*, as appears from the corresponding passage in Polybius III. 33. 8 ἐκδεσμεύων τὴν ἑκατέρων πίστιν εἰς ἀλλήλους.

18 § **12.** *tredecim milia*] the following account of the Carthaginian forces is the same as in Polybius III. 33. 17 ff., who says that he copied it from an inscription on a brazen tablet on the Lacinian promontory, where Hannibal had caused it to be erected during his absence in Italy.

19 *caetratos*] πελτασταί. *caetrae* were small round shields covered with leather used especially by the Spaniards, also by the Africans and Britons: Rich's *Dict. Ant.*

CHAPTER XXII.

26 § **1.** *circumitam*] c. 19. 6 ff.

28 *Hasdrubali fratri*] this was the man who withstood the Scipios in Spain during a great part of the war, and who crossed over to Italy and was defeated at the Metaurus in 207 B.C.

29 § **2.** *firmatque*] *provinciam* not *Hasdrubalem*; *firmare aliquem praesidiis* does not appear to be used.

31 *Liguribus*] living in a poor country (cf. Vergil's *assuetumque malo Ligurem*) the Ligurians were ready to serve as mercenaries.

Baliaribus] inhabitants of the Balearic islands. They were famous slingers, from which they were said to have derived their name, which was connected with βάλλειν. Livy, *Epit.* 60 *Baliares a teli missu appellati*.

32 § **3.** *Libyphoenices*] these were half-castes, the offspring of mixed marriages between the native Berbers (*Libyes*) and the Phoenicians.

Mommsen however, on the authority of Diodorus XX. 10, thinks that *Libyphoenices* was a political not a national term, applied to the Phoenicians in the cities other than Carthage who had *connubium* and *commercium* with the Imperial city. *Hist. Rome* II. 10.

p. 22. 2 *ad mille octingenti*] *ad* is used adverbially = *circiter*, and does not affect the case.

Ilergetum] they probably served as mercenaries, for the Ilergetes lived E. of the Ebro, which Hannibal had not yet crossed, and their reduction is mentioned in the next chapter, 23. 2.

5 § **4**. *qua parte belli*] see note on 17. 8.

6 *vicerant*] especially at the Aegates insulae 241 B.C., but also at Mylae 260, where Duilius, and Ecnomus 257 B.C., where Regulus was victorious.

8 *aptae*] here used as a participle = *aptatae*. It is in fact the participle of an obsolete verb, *apere* to fasten, though it is used as an adjective.

11 § **5**. *profectus*] he started in May.

Onussam] on the coast between Saguntum and the Ebro. MSS. *omissam*, for which *Onussam* has been suggested by reference to XXII. 20. 3.

12 *ducit*] 'he marched'. The accusative is omitted as is often the case with certain expressions of frequent occurrence where the omission can cause no doubt. So *movere* (*castra*), *appellere* (*navem*), *tenere* (*cursum*).

§ **6**. *ibi*] not at Onussa, but on the Ebro. The crossing of the Ebro was a critical act for Hannibal. For the story, compare Cic. *de Divinatione* I. 49. He tells it on the authority of Coelius Antipater.

fama est] 'it is said', I. 4.

13 *in quiete*] = *in somnis*.

iuvenem] Polybius laughs at such stories, as for instance at that which told how Hannibal and his army would have perished in the Alps, εἰ μὴ Θεὸς ἤ τις ἥρως ἀπαντήσας...ὑπέδειξε τὰς ὁδούς.

17 § **7**. *cura ingenii humani*] 'with the curiosity natural to man'. This is the regular word to express curiosity. *curiositas* is only used once in Classical Latinity: Cic. *Att.* II. 12. 2.

cura...humani are better taken with *agitaret* than with *temperare nequivisse*. The curiosity natural to man prompts us to speculate about that which we are forbidden to see.

22 § **8**. *nimbum*] 'a storm cloud'.

§ **9**. *quae moles ea quidve prodigii esset*] lit. 'what the monster was, and what kind of a portent it was'. *prodigium* = *prodicium* is an indication of something about to happen. [Very possibly however *prod-ig-ium* from the root *ai-o* = *ag-io*, so 'a foretelling'. J.S.R.]

24 *porro*] with *ire*, 'to go forwards'.

CHAPTER XXIII.

28 § 1. *Alpium transitus*] Polybius (III. 34) says that Hannibal had already done this while at New Carthage. The Gauls assured his messengers that the passage was ἐπίπονον μὲν καὶ δυσχερῆ λίαν οὐ μὴν ἀδύνατον.

p. 23. 2 § 2. *Ilergetes*] N. of the Ebro along the Sicoris. Their chief town was Ilerda, now Lerida; Polybius calls them Λέργητες.

Bargusios] to the E. of the Ilergetes near the present Borjas, 19. 7.

Ausetanos] in upper Catalonia round Vich (*Vicus Ausetanorum*).

3 *Lacetaniam*] to the N.E. of the Ilergetes on the upper Sicoris and its tributaries, and so '*subiecta Pyrenaeis montibus*'. The Lacetani were the neighbours of the Ausetani to the E., 61. 8.

4 *subegit*] Hannibal might possibly have purchased a passage along the coast road, but with Emporiae on the coast in alliance with Rome, and the Bargusii at least (19. 7), if not other tribes, friendly to her, his communications would not have been safe. In spite of his desire to press on then he was obliged to conquer the country, which he did—in a short time, but after hard fighting (μετὰ πόλλων καὶ μεγάλων ἀγώνων, Pol.) and the loss of 20,000 men.

orae] 'the coast road of this region', along which would be the shortest way between France and Spain. It is remarkable that of the tribes here mentioned none lived actually on the coast. That was occupied by the Laeetani, 60. 3. However it is impossible that Hannibal neglected to secure the coast road and advanced inland up the Sicoris. He secured both the road and the country inland.

6 § 3. *ad praesidium*] = *ut essent praesidium*. Cf. *ad piaculum rupti foederis*, 10. 12.

ad praesidium obtinendae regionis] 'to garrison the country which he was to hold' (C. and B.). The gerundive is used as an adjective here, as in c. 21. 8 *labores mox exhauriendos*.

8 § 4. *Pyrenaeum saltum*] the pass by Juncaria (*La Junquera*), over which the Roman road from Gallia Narbonensis to Spain afterwards ran.

10 *Carpetanorum*] 5. 8, note.

iter averterunt] 'struck off in a different direction', i.e. deserted.

13 § 5. *anceps*] 'dangerous'.

14 *et ipsos*] 'also', like the 3000 Carpetani, 17. 7, note. The MSS. give *et ipse*. This would mean that Hannibal himself had noticed the disaffection of the 7000, while that of the 3000 had escaped him. But it was not likely that those whose disaffection was less apparent should have been the first to carry their wishes into execution.

15 *gravari*] the passive: *gravor*, deponent, only governs an accusative. Hannibal had started with 90,000 foot and 12,000 horse, in all 102,000 men (Pol. III. 35. 1). Now at the crossing of the Pyrenees they were reduced to 50,000 foot and 9000 horse (Pol. III. 35. 7). Of the 43,000 men thus left to be accounted for, 11,000 had been left under Hanno, 10,000 had deserted or been dismissed, sections 4 and 6, and apparently 22,000 had been lost in the conflicts with the Spanish tribes between the Ebro and the Pyrenees.

Chapter XXIV.

18 § 1. *Iliberri*] now Elne. The word is not declined here, and has *oppidum* added. On the other hand in 3 and 5, where *oppidum* is not added, it is declined.

22 § 2. *ad arma consternati*] cf. 11. 13 *dilectus acerbitate consternati*. *ad arma* expresses the result of the dismay, 'roused to arms'.

Ruscinonem] now Tour de Rousillon near Perpignan.

aliquot populi] this is in apposition to *Galli*, and restricts it: cf. 14. 1 *primores populi...plerique*.

24 § 3. *oratores*] 'envoys', as in 12. 4.

25 *semet ipsum*] Hannibal is regarded as the speaker though the message was taken by the envoys. *ipsum* is added to make this clear, in other words to shew that *se* does not refer to the ambassadors.

et] = *itaque*.

vel accederent, vel se...processurum] in or. recta, *vel accedite vel ego procedam*.

30 § 4. *nec...et*] notice this method of linking a negative and a positive statement.

si per Gallos liceat] 'if the Gauls would allow him', sc. 'if not forced to do so by the Gauls'.

§ 5. *nuntios*] *oratores*.

32 *haec*] *egit:* for the omission of the verb cf. 42. 1 *haec apud Romanos consul.*

ut vero] introducing a more important stage in the proceedings, as in 7. 10.

p. 24. 1 *Poenum*] *Hannibalem.* It is not collective, for the personal interview is contrasted with the negotiations conducted by the envoys.

2 *bona pace*] 'in peace and quietness'. *bona* adding the idea of peaceful intentions.

Chapter XXV.

4 § 1. *In Italiam*] the scene is now shifted to Italy, the narrative being resumed from c. 20, in which the efforts of the Roman envoys to secure alliances in Gaul are recorded.

5 *Massiliensium*] cf. 20. 7. The Massilians keep the Romans informed, to some extent, about the movements of Hannibal, as well as about the temper of the Gaulish tribes in their neighbourhood.

nihil perlatum erat cum defecerunt] this would more often be expressed by *cum nihil perlatum esset defecerunt. cum* with the indicative is used to express action simultaneous with that of the main verb: cf. 18. 4.

6 § 2. *perinde ac si Alpis iam transisset*] it seems that there was some sort of an understanding that the Gàuls should rise on Hannibal's arrival. Hannibal had regarded their aid as indispensable, and had sent envoys to find out their temper. ἀφικομένων δὲ τῶν ἀγγέλων, καὶ τήν τε τῶν Κέλτων βούλησιν καὶ προσδοκίαν ἀπαγγειλάντων...συνῆγε τὰς δυνάμεις, Pol. III. 34.

7 *Boi*] between the Po and the Appennines. They had joined in the Gallic rising of 225 B.C. (see note on 20. 6), and been subdued in 224 B.C. Later (29. 6), after the passage of the Rhone, Boian ambassadors urge Hannibal to press on to Italy. It does not appear that they were actually allies of Hannibal, cf. 52. 4.

Insubribus] the most important of the Cisalpine Gaulish tribes, situated N. of the Po, and E. of the Ticino about Milan. They had held out the longest in the war, 225—222 B.C.

9 *nuper*] with *deductos.* Cremona and Placentia were founded in this same year, 218.

circa Padum] 'on either bank of the Po'. *circa* is used loosely of things which are on more than one side of something else, without necessarily completely surrounding it: cf. 54. 1 *rivus circa obsitus palustribus herbis*, and 9.

12 § **3**. *eum ipsum agrum*] 'the land in question', i.e. the land which, as appears from this sentence, the commissioners had come to divide.

13 *agrestis multitudo*] these were those of the colonists who were already settling on their lands. The number sent to each colony was 6000

15 *diffisi Placentiae moenibus*] the fortifications of the new colony were probably not yet completed. Pol. III. 48. 3 τὰς μὲν οὖν ἀποικίας ἐνεργῶς ἐτείχιζον.

Mutinam] this was also a colony: ἀποικίαν ὑπάρχουσαν, Pol. III. 40. 3. According to Livy it was not made so till 183. It was 70 miles S.E. of Placentia, with which it was afterwards connected by the Aemilian road (the extension of the *via Flaminia*) from Ariminum to Mediolanum.

17 § **4**. *pro Annio Servilioque* etc.] in XXVII. 21. 10 he follows the account first given. He there says that for 10 years it was believed that Servilius was killed near Mutina while acting as *triumvir agrarius*. Servilius and Aemilius were released 16 years after their capture by a son of the former, then consul. XXX. 19. 7.

19 § **5**. *id quoque*] as well as the names of those attacked.

25 § **7**. *legati*] Livy has just stated that it was uncertain whether the men attacked were commissioners or ambassadors. He appears to have been decided in favour of the latter by the wish to enhance the perfidy of the Gauls.

27 *obsides*] these had been given to the Romans on the conclusion of the late war, 221 B.C.

28 *dimissuros*] *se* is omitted.

29 § **8**. *Manlius*] he was in charge of Cisalpine Gaul. 17. 7.

p. 25. 1 *ad Mutinam*] 'towards Mutina', he did not reach it.

2 § **9**. *plerisque incultis*] sc. *locis*, 'for the most part uncultivated'. So 35. 4 *in iugum Alpium perventum est per invia pleraque*, 'over ground for the most part trackless'.

inexplorato] this use of the participle, either alone as *inaugurato* XXIII. 42. 9, or with a clause dependent as X. 36. 7 *edicto ut...hostem haberent*, is common in Livy and prose writers of the imperial times. In Cicero it is of rarer occurrence. In Caesar there are only a few instances (*bipartito*, *tripartito*, *consulto*, Draeger) and these without a dependent clause.

3 *praecipitat*] the MSS. *praecipitatus*, for which some read *praecipitatur*. Livy however uses *praecipito* of those who fall unwittingly into ambush,

praecipitor of those who are forcibly driven (Madvig, *Em. Liv.*). Cf. XXII. 6. 5 *armaque et viri super alios alii praecipitantur.*

7 **§ 11.** *iter deinde de integro*] Wölfflin remarks that the following paragraph down to *evasere* is a mere repetition of 9 *ibi...emersit.* Livy probably copied an account of the same thing from two different authors. Polybius only mentions one attack.

13 **§ 13.** *Tannetum*] (Tanneto) on the Enso a tributary of the Po, S.E. of Parma and afterwards on the Aemilian road. Its position is thus only loosely described by Livy as *propincum Pado.* It appears that Manlius was marching towards Mutina from Placentia or Cremona.

14 **§ 14.** *munimento ad tempus*] sc. *facto.* So 15. 16 *pugna ad Trebiam* (*commissa*). 16. 2 *tot uno tempore motibus.* The omission of the participle is contrary to strict Latin usage.

commeatibus fluminis] 'supplies brought by way of the river'. *flumen* in Livy's mind would be the Po, but, as we have seen above, he evidently regards Tannetum as nearer the Po than it really is. Cf. 57. 2 *clausi commeatus erant nisi quos Pado naves subveherent.*

15 *Brixianorum*] *Brixia* (Brescia) was capital of the Cenomani, who in this as in the preceding war were the only Gaulish tribe friendly to the Romans.

Chapter XXVI.

17 **§ 1.** *tumultus*] the word especially used of a Gallic rising. Cf. 16. 4, note.

18 *insuper*] 'on the top of it' as we should say, 1. 5.

21 **§ 2.** *consule*] Scipio.

conscriptis] this only refers to the 5000 allies. The legion was one which had been intended for Scipio.

22 *qui*] the relative belongs to Atilius.

27 **§ 3.** *Salluvium montis*] between Nicaea (Nice) and Massilia (Marseilles).

28 **§ 4.** *proximum*] i.e. the most easterly.

29 *divisus*] absolutely. *pluribus*, an ablative of manner, with *decurrit.* Otherwise *divisus in plura ostia* would be written.

p. 26. 1 *vixdum satis credens*] 'hardly yet quite believing'. After negatives *vix* has generally a stronger sense than in a positive clause. Cf. 11. 6, note.

3 **§ 5.** *agitare*] 'that he was thinking'.

4 *occurreret*] 'he should go to meet him'; not 'he was going to meet him', as *occurreret* is a deliberative subjunctive.

7 *ex tuto*] 'from a safe distance'. Cf. *ex propinquo*, 24. 3.

§ 6. *ceteris*] the other Gallic tribes as opposed to the Volcae.

8 *Volcarum*] these were the Volcae Arecomici about Nemausus (Nismes), whom Strabo distinguishes from the Volcae Tectosages whose centre was Tolosa.

9 *autem*] explanatory, as in 5. 10 *elephantos—quadraginta autem erant*, etc.

circa utramque ripam] 'on either bank'. The expression is pleonastic, for *circa* alone would have this meaning, cf. 25. 2.

10 *citeriore*] from Hannibal's point of view, the W. bank.

13 § 7. *eorum ipsorum*] = *Volcarum*. It is a partitive genitive, but the antecedent to *quos*, which if expressed would indicate more clearly how it is governed, is omitted.

15 *et ipsi*] they, as well as Hannibal, desired that he should cross the river. *et*=*etiam*: before *eorum ipsorum* on the other hand *et* is simply a copula.

18 § 8. *temere paratarum*] 'carelessly built': in a different sense 17. 2, to fit out.

vicinalem usum] 'local use'. They had a considerable number Polybius says (III. 42. 2) διὰ τὸ ταῖς ἐκ τῆς θαλάττης ἐμπορίαις πολλοὺς χρῆσθαι τῶν παροικούντων τὸν Ῥοδανόν.

novasque alias] sc. *lintres*. *novasque alias* belongs to the whole sentence, for throughout it is the construction of additional boats that is described.

New boats were made—first by the Gauls—then by the soldiers also, that is the general sense. But Livy cannot in conscience call the productions of the Carthaginian soldiers boats. He therefore inserts as the object in the second part of the sentence, *alveos informes*, further explaining why this rude construction was deemed sufficient. The sentence may be rendered somewhat as follows: 'New boats were made also, first by the Gauls who set the example, hollowing them out of single trees, then by the soldiers too tempted at once by the abundance of timber and the ease of the work, mere shapeless hulks these latter, as the soldiers did not care for anything provided they would float, etc.'

19 *inchoantes*] enlarges on *primum*, lit. beginning the work, setting the example.

cavabant] = *cavando faciebant*.

CHAPTER XXVII.

25 § 1. *hostes...equites virique obtinentes*] as we should say, 'holding the bank with horse and foot'. *Equites virique* are in apposition to *hostes* as *aliquot populi* to *Galli*, 24. 2. Here, however, the addition is descriptive, there it is restrictive.

26 § 2. *averteret*] Hannibal is the subject.

Hannonem] he was the son of one of the Sufetes, Pol. III. 42. 6 Ἄννωνα τὸν Βοαμίλκου τοῦ βασιλέως.

27 *vigilia prima*] i.e. between 6 and 9. The night was divided into 4 watches of 3 hours. *Noctis* is pleonastic, for *vigilia* was not a division of the day.

28 *adverso flumine*] 'up stream'.

31 § 4. *ad id dati*] 'assigned to him for that purpose'.

32 *inde*] from the point where they were.

supra] is an adverb, 'higher up'.

p. 27. 1 *latiore*] the MSS. have *latiorem*. *Latiore* is to be preferred as corresponding with *eoque minus alto*. 'The guides informed him that some five and twenty miles higher up than that the river flowed round a little island, where, its stream growing wider and consequently shallower at the point of separation, it afforded a passage'.

4 § 5. *mole*] 'difficulty'; Tac. *Ann.* I. 45 *sic compositis praesentibus haud minor moles supererat, ob ferociam quintae et unetvicesimae legionis.*

5 *caetris*] *caetratos*, 21. 12. They were buoyant as they were made of wicker-work covered with hides.

superpositis] placed on their clothes, which in turn were placed on the bladders.

6 § 6. *alius exercitus*] 'the rest of the army'. This use of *alius* = ὁ ἄλλος occurs not unfrequently in Livy. To give one instance, XXVI. 8. 5 *Iovem deosque alios*. An incorrect and colloquial way of speaking it is avoided by Cicero, but occurs several times in the comedians.

ratibus iunctis] on rafts which they had put together. *Ratem iungere* is used like *pontem iungere* (= *iungendo facere*), to build a bridge.

7 *operis*] the construction of the rafts and fortification of the camp.

9 § 7. *ex loco edito*] with *significant*. *Edito* probably means 'high ground', not 'which had been indicated in their orders', though Polybius has σημηνάντων κάπνῳ κατὰ τὸ συντεταγμένον.

10 *transisse*] notice the omission of *se:* so 25. 7 *negantibus Gallis... dimissuros.*

11 *tempori*] =*occasioni.*

13 § **8.** *eques fere*] the cavalry generally: not all, for some of the horses swam behind, 9.

naves] the MSS. give *nantes*. This is Heerwagen's emendation.

14 *adversi impetum fluminis*] 'the full force of the stream'.

16 § **9.** *pars magna nantes*] a *constructio ad sensum* of a kind not infrequent in Livy.

praeter eos] 'besides'.

17 *instratos*] 'saddled'.

CHAPTER XXVIII.

19 § **1.** *occursant*] 'rush to the attack'. The frequentative denotes the disorderly and fitful nature of the advance. ἀτάκτως ἐξεχέοντο, Pol.

21 § **2.** *et ex adverso*] the sentence is really left incomplete. *Et ex adverso* should be answered by *et a tergo* in the same sentence. Instead of this *iam satis paventes...terribilior ab tergo adortus clamor* corresponds to it but imperfectly in the next.

23 *nautarum militum*] asyndeton is sometimes used, as here, to express rapidity of action. Cf. 34. 6 *undique ex insidiis barbari a fronte ab tergo comminus eminus petunt.*

24 *et qui...et qui*] the first refers to the boatmen and the soldiers engaged in crossing, the second to the soldiers on the bank.

perrumpere] a strong word, we should say to overcome or to 'stem'.

26 § **3.** *adverso*] 'on their front'.

28 *anceps*] 'on two sides'.

30 § **4.** *postquam pellebantur*] 'when they found they were being repulsed', cf. 12. 4, and note.

p. 28. 1 *spernens iam Gallicos tumultus*] 'as after this he thought little of the Gallic onslaughts', this in explanation of *per otium*. *tumultus*, in a disparaging sense, of a disorderly attack, as *tumultuatum*, 16. 4.

4 § **5.** *variat*] 'the accounts of what was done differ'. MSS. *variata*. But *variare* is used intransitively XXII. 36. 1 *variant auctores*, as well as transitively V. 27. 2 *lusu sermonibusque variatis*; and *est* is rather wanted with *variata*; so *variat* has been suggested instead.

6 *refugientem*] *rectorem.*

inde nantem] MSS. *refugientem in aquam nantem*: either a conjunction must be introduced between *refugientem* and *nantem*, or we must suppose with Madvig that *nantem* is a gloss upon *refugientem*.

sequeretur] *grex.*

7 *ut quemque...destitueret*] the subjunctive expresses repeated action as in 4. 4 *ubi quid...agendum esset.* See note.

ut quemque...rapiente] 'whereupon the mere force of the stream carried them to the opposite bank, as one by one, for all their terror of deep water, they lost footing on the shallow'.

The ablative absolute here expresses an additional event instead of a circumstance attendant on the main action. Cf. 25. 7 *comprehenduntur, negantibus Gallis eos dimissuros. Impetu rapiente* can hardly be taken as merely explaining *traxisse*, 'as the stream...carried them': for *traxisse* can only mean 'drew the herd after him into the water', not 'induced it to cross'.

9 § **6.** *magis constat*] 'it is more generally agreed'.

id] means 'this method', with *tutius consilium foret*, 'this account', with *ad fidem pronius est.*

10 *foret*] the protasis to *foret* is contained in *ante rem*, which means '*si res nondum acta esset*'. For *foret* cf. 21. 1 note.

ad fidem pronius] lit. more inclined towards credibility, i.e. more easy to believe. So Tac. *Agricola* 33 *omnia prona victoribus*, everything is downhill, i.e. easy for the conquerors.

12 § **7.** *secunda aqua*] 'down stream', opp. *adverso flumine*, 27. 2.

13 *parte superiore ripae religatam*] *religatam* with *parte* not *ripae.* For the abl. cf. Hor. *Sat.* I. 5. 18 *retinacula mulae nauta piger saxo religat.* So the Greeks say ἅπτειν τί τινος. 'Fastened to the upper part of the bank' means 'fastened to the bank at a point higher up stream'.

14 *humo*] 'soil'.

15 *solum*] 'firm ground'.

§ **8.** *altera ratis...huic copulata*] the two rafts then, the stationary and the detachable, would present the appearance of a pier 300 feet long, and of a uniform width of 50 feet, stretching out into the river.

17 *sex tum...pertrahitur*] the subject of this sentence is *altera ratis.* The clause, *sex tum...transgressi sunt*, is subordinate.

sex tum is Müller's conjecture for the MSS. *ut cum.* It is not improbably right, for something more definite than *elephanti* seems to be referred to in '*primis expositis*'='after the landing of the first batch' and VT might easily have replaced VI. (J. S. R.) There were 37 elephants in all. Pol. III. 42. 11.

20 § **9.** *actuariis*] lit. easily moved, 'light craft'.

22 § **10.** *repetiti*] the compound gives the sense of 'the operation was repeated'.

23 *donec...agerentur*] 'so long as they were being driven'. There is no idea of intention here. *Donec* in the sense of 'all the while that' can only introduce a fact. A prose writer of the best period then would have written *agebantur*. Livy and later writers occasionally use the subjunctive with *donec* and *priusquam* of facts in the past. So Tac. *H.* 4. 35 *pugnatum donec praelium nox dirimeret.* 61. 1 *priusquam certa huius victoriae fama accideret.*

continenti velut ponte] 'on what seemed a bridge connected with the land'. C. and B.

primus erat pavor...cum] 'their alarm did not begin till'.

24 *ceteris*] some supply *ratibus*, as Polybius represents the smaller raft as composed of two, the larger of several rafts joined together. But Livy speaks of each as if it were a whole by itself. It is more probable that *ceteris* is neuter, 'from everything else', or 'from its surroundings' (C. and B.), used loosely to designate the larger raft.

in altum] 'into mid stream', generally of the sea.

25 **§ 11.** *inter se*]=*alii alios.*

26 *donec...fecisset*] *donec* 'until', like *donec* 'as long as' in the preceding section, is here used, as is sometimes the case in Livy, of a fact in the past.

28 **§ 12.** *quaerendis pedetentim vadis*] 'feeling their way to shallow water'.

CHAPTER XXIX.

p. 29. 1 **§ 2.** *ut ante dictum est*] 26. 5.

2 *trecenti*] to these must be added the Gallic auxiliaries, 3. So the numbers were not unequal.

3 *atrocius quam pro numero*] this construction, which is perhaps an imitation of the Greek ἢ κατὰ, is common in Livy though it does not seem to have been used before him. Caesar would have written *atrox pro numero.*

7 **§ 3.** *iam admodum fessis*] emphatic. 'It was not till the Romans were thoroughly exhausted that, etc.'

8 *sed pars Gallorum*] 'but some of them Gauls'. *Gallorum* a genitive of definition.

10 **§ 4.** *summae rerum*] 'the final result'.

haud sane incruentam] 'certainly not bloodless', i.e. very bloody: hence *que* follows and not *sed.* 2. 4 *haud sane voluntate principum.*

14 § 5. *sententia*] i.e. *alia*. 'No resolve could remain fixed except to etc.'

15 *conatus caperet*] *consilia* would be a more appropriate word with *capere*; but *conatus* is substituted for *consilia*, which has just been used, for the sake of variety.

§ 6. *et Hannibalem incertum*] *nec Scipioni stare sententia poterat* would naturally be answered by *et Hannibal incertus erat*, but, in Livy's manner, a second sentence is united with the first, and *et Hannibal incertus erat* is changed to suit the second sentence, of which Hannibal is made the object.

16 *cum eo qui primus...exercitus*] the antecedent is expressed in the relative clause, as in 17. 4.

18 *Boiorum...Magali*] Polybius speaks of more petty kings than one, III. 44. 5 *τοὺς βασιλίσκους περὶ τὸν Μάγιλον*. According to his account the ambassadors come to Hannibal while he is still engaged in the transport of the elephants. Moreover they are introduced by him to the assembled army, which they address through an interpreter. They promise to lead it into Italy by a short and safe route where there shall be no lack of supplies. They encourage it by the mention of *ἡ τῆς χώρας γενναιότης εἰς ἣν ἀφίξονται, καὶ τὸ μέγεθος, ἔτι δὲ τῶν ἀνδρῶν ἡ προθυμία μεθ' ὧν μέλλουσι ποιεῖσθαι τοὺς ἀγῶνας.*

20 *integro bello*] lit. with the war not yet begun, further explained by *nusquam ante libatis viribus.*

21 § 7. *timebat...metuebat*] *timere* means to fear a thing itself, *metuere* to fear the idea of it, to be apprehensive of, to dread. The distinction is generally observed.

22 *iter inmensum Alpesque*] these words express one idea—'the endless march over the Alps'—and to this *rem* refers.

23 *fama...horrendam*] *fama* should be taken with *horrendam*, *utique* with *inexpertis*.

utique] = *saltem*. The addition of *que* gives indefiniteness to the meaning of *uti*, and the compound = 'anyhow'; (1) used without a negative it = at least. Cic. *Att.* 13. 48. 2 *velim Varronis et Lollii mittas laudationem, Lolli utique*, 'anyhow that of Lollius', i.e. at least that of Lollius; (2) used with a negative it = certainly not, L. II. 59. 4 *concurrunt ad eum legati monentes ne utique experiri vellet imperium*, 'that anyhow he should not aspire to supreme power', i.e. certainly not to aspire.

CHAPTER XXX.

26 § **1**. *advocata contione*] according to Polybius the army was already assembled to hear the speeches of the Boians.

Polybius, like Livy, gives a speech of Hannibal at this point. In his account however Hannibal addresses his soldiers immediately after they have been cheered by the representations of the Boians. He merely reminds them of their former exploits, and urges them not to trouble their minds with regard to the details of the march, as these would be his care, but to be obedient and brave. Livy makes the apprehensions of the soldiers, mentioned in 29. 7, the motive of the speech, which accordingly in his account takes a different colour.

27 *varie versat*] 'works on their minds by different methods' i.e. *castigando adhortandoque*.

30 § **2**. *facere*] not *fecisse*, because the speaker regards their career of conquest as still proceeding. It is a retrospective present like *iamdudum ausculto* Hor. *S.* 2. 7. 1, =πάλαι ἀκούω.

p. 30. 1 *gentesque et terrae*] Caesar and Cicero do not use *que...et*, Sallust and Tacitus as a rule only where the first word is a pronoun. Livy often uses them to link words of similar meaning, e.g. I. 43. 3 *tela in hostem hastaque et gladius*.

2 *diversa*] 'far apart'.

3 § **3**. *quicumque*] an exaggeration. The Romans had only demanded the surrender of Hannibal 10. 11; 18. 4 and according to Polybius III. 20. 8, his counsellors, τοὺς μετ' αὐτοῦ συνέδρους.

7 § **4**. *id*] *iter*.

ab occasu solis ad exortus] i.e. from West to East, from New Carthage to Rome. The use of the plural *exortus* is poetical. From 21. 3 and 23. 4, it appears that at the commencement of the march Hannibal's army did not know what its destination was.

intenderent iter] cf. 29. 6. Here however it is evident from *tum* that it refers to the beginning of the march, and means 'to start'.

8 § **5**. *postquam...cernant*] see note on 13. 4.

emensam] a deponent participle used with a passive sense, as often in Livy. So *expertas*, 1. 2.

9 *ferocissimas gentes*] the Spanish tribes mentioned in c. 23 lay, it is true, to the S. of the Pyrenees. Polybius however says, III. 40. 1 ἐνεχείρει ταῖς διεκβολαῖς τῶν Πυρηναίων ὀρῶν, καταφοβος ὢν τοὺς Κέλτους διὰ τὰς ὀχυρότητας τῶν τόπων.

superatum...traiectum] governed by *cernant*.

13 § 6. *subsistere*] like the preceding infinitives *mirari*, *facere*, *excessisse*, a statement depending on a verb of saying suggested by *versat*.

It might indeed be interrogative 'were they stopping'? but the enclosure of one interrogative sentence within another would make the sentence too involved.

quid...aliud...credentes] 'and yet what else did they think the Alps were?' The question is attached to the verb *subsistere* instead of being expressed separately (*quid aliud eos credere?*) Cf. VI. 23. 5 *eum residem intra vallum tempus terere, quid accessurum suis decessurumve hostium viribus sperantem?* In Greek this use of an interrogative with a participle is familiar enough.

This question marks the transition from the first half of the speech, in which stress is laid on the hardships already endured by the army, to the second in which it is urged that the terrors of the Alps are exaggerated.

14 § 7. *fingerent*] in *oratio obliqua* this would probably be the imperative which is often used in making concessions, e.g. *puta ita esse: pro me est*, Seneca *N. Q.* 2. 55.

It is less probable that *fingerent* is a concessive subjunctive = *etiam si fingerent*.

15 *profecto*] 'surely'.

16 *Alpis quidem*] *quidem* emphasises *Alpis*, in contrast to those mountains which he defies his hearers to name, high enough to prove an effectual barrier to men. 'As for the Alps'.

habitari coli, gignere atque alere animantes] the second in each pair of verbs adds something to the idea expressed by the first.

17 *pervias faucis esse*] MSS. *pervias paucis esse exercitibus*. Wölfflin suggests *pervias paucis esse, pervias exercitibus*. They are passable for individuals (and therefore) passable for armies. But to say nothing of the fact that the conclusion does not follow from the premiss, such a statement of premiss and conclusion in two coordinate unlinked clauses could hardly be paralleled.

19 § 8. *ne...quidem*] 'neither', as in 18. 11.

indigenas] *esse*.

20 *advenas Italiae cultores*] 'foreign settlers in Italy'. *advenas* is used as an adjective. So 5. 4 *victor exercitus*. 39. 3 *exercitu accepto tirone*.

21 *migrantium modo*] 'as immigrants'. The use of the present

participle as a substantive is an instance of the extended use of the participle by Livy which has been noticed before. Cf. 2. 6 *ridentis speciem*.

22 § 9. *militi quidem*] 'as for a soldier', so *Alpes quidem*, 7.

nihil...portanti] in contrast with the heavily laden trains of immigrants.

24 *quid*] = *quantum*.

25 § 10. *caput orbis terrarum*] an anachronism, as in 3.

28 § 11. *proinde*] introducing an exhortation based on representations just made, as in 18. 12; 22. 6.

29 *cederent...sperent*] the change from the use of the imperfect and pluperfect subjunctive to that of the present, perfect, and future perfect, is sometimes made in *oratio obliqua* in past time to give greater liveliness to the reported speech by representing parts of it in the actual tense used, as though the speaker were in our presence (Bradley's *Arnold's Latin Prose Composition*, § 525, p. 328). In this speech the change is facilitated by the fact that it depends on *versat*, a historic present, which may be treated either as a primary or a past tense. Thus we have *invaserit*, *amplectantur*, *cernant*, *habeant*, *moretur*, *desperet*, *sperent*, but *fingerent*, *cederent*. The change in this clause is more than ordinarily abrupt.

CHAPTER XXXI.

32 § 1. *corpora curare*] 'to refresh themselves'.

p. 31. 2 § 2. *adversa ripa*] 'up the bank' on the analogy of *adverso flumine*.

mediterranea Galliae] i.e. due north, up the Rhone. The use of the neuter adjective with a genitive depending on it is rare before Livy, common in Tacitus. 33. 7 *in inmensum altitudinis*; 34. 7 *extrema agminis*.

3 *esset*] 'not because he thought it the more direct way'. This it certainly was not. The shortest way would be by the Cornice road. *Non quia...erat* would imply that it was actually the shortest road, though it was not for that reason that he chose it.

4 *quantum...minus obvium*] 'the further he retreated from the sea the less likely he was to meet the Romans.' *eo* or *tanto* is omitted before *minus*. *quo longius...eo minus* would have been more precise, but with *quantum recessisset* compare *quidquid adpropinquabant*, 54. 8.

7 § 4. *quartis castris*] when the fourth camp was pitched, i.e. at the end of the fourth day's march.

8 *diversis ex Alpibus*] from widely separated Alpine ranges, i.e. the Rhone from the Alpes Lepontiae (Mt St Gothard), the Isère from the Alpes Graiae (Col d'Iséran).

10 *Insulae*] the *insula Allobrogum*.

§ 5. *prope*] the Allobroges lived on the island. *Prope* then probably means close to the confluence or close to the point on the Rhone where Hannibal then was.

11 *iam inde*] = *iam tum*. A hundred years later when the Romans were subduing Southern Gaul the Allobroges were among their most formidable opponents. In 121 B.C. the combined forces of the Allobroges and Arverni were defeated by Q. Fabius Maximus and by Gn. Domitius Ahenobarbus at the confluence of the Rhone and Isère.

12 § 6. *regni certamine ambigebant*] *ambigebant* is absolute = were at variance. More often it is used with *de* governing the object of dispute, cf. 10. 9 *id de quo verbis ambigebatur*.

Certamine is an ablative of manner; *regni* a genitive of the 'remoter object' (Roby, *Lat. Gr.* § 1318). For *regni* in *regni certamine* would be represented by *de regno* if *certamine* were to be changed into *certare*, whereas *cognitionis* (a genitive of the direct object) in *cognitionis amor* would become *cognitionem* if for *amor* we should write *amare*.

15 *pellebatur*] 'was in the course of being ousted'.

§ 7. *peropportuna*] this must be rendered as though it were an adverb.

16 *reiecta*] according to Polybius Hannibal was appealed to only by the elder brother, and restored him by force of arms; συνεπιθέμενος καὶ συνεκβαλὼν τὸν ἕτερον πολλῆς ἐπικουρίας ἔτυχε παρὰ τοῦ κρατήσαντος.

The MSS. give *delecta*, for which Wölfflin reads *delegata*; both *reicere* and *delegare* are used with the meaning of 'to refer' but the former more often.

17 *quod...fuerat*] should be taken with the succeeding clause.

22 § 9. *recta regione...sed ad laevam*] this is best explained as follows. Hannibal is represented as having his face set towards the Alps. He does not however start straight towards them (*recta regione*) i.e. due E., but turns leftwards, i.e. N.E., in other words up the valley of the Isère.

The direct way would have been due E. up the Drome, over the Col de Chabres to the Buech, and thence to the valley of the Durance.

In Tricastinos however, according to this explanation, is not very appropriate, as the Isère was quite the northern limit of the Tricastini.

Polybius makes Hannibal march 800 stadia up the Rhone. See Appendix on the route of Hannibal. According to Livy he does not enter the island. With this may be connected the difference between his account and that of Polybius noticed on 31. 7.

23 *Tricastinos*] they lived on the high ground between the Drome and Isère. Their capital in later times was called Augusta Tricastinorum. Now Aouste, on the Drome.

per extremam oram Vocontiorum] in following the Isère Hannibal would skirt the extreme northern limit of the Vocontii. The latter were a large tribe whose capital was Dea Vocontiorum, now Die, on the Drome. They extended as far south as Sisteron on the Buech. Northwards they would reach to the Isère.

24 *Tricorios*] about *Vapincum* (Gap) which was their chief town, and in the valley of the Durance near it. From Livy's description it would appear that Hannibal followed the Isère as far as Grenoble, where he turned up the valley of the Drac, and so crossed the Col de Bayard to Gap, whence he reached the upper waters of the Durance.

haud usquam inpedita via] this refers to the nature of the ground, not to opposition from the enemy, as is seen by the context. The description hardly suits the country. Mommsen, discussing which way Hannibal went, rejects the Mt. Genevre route as passing by "the impracticable and unfruitful valleys of the Drac, the Romanche and the Upper Durance". Moreover the section of the route here indicated would naturally include the pass from St Bonnet to Gap, which is over 3000 ft. high. Cf. however the note on *Druentia* 32. 6.

25 § **10.** *et ipse Alpinus*] 'also an Alpine stream', i.e. like the Rhone and Isère, 4.

27 § **11.** *nam cum* etc.] the sentence appears to be illogical. One expects *quia* to introduce the reason why the Druentia is not available for ships. Yet we come to no verb before *nihil stabile praebet,* which explains why it is not passable for foot-passengers.

Two interpretations are possible.

(1) *Non tamen navium patiens* should be answered by *quia..fluit* but Livy has substituted *fluens* because he wishes to include another statement, that the river is difficult to ford, in the same period.

If this explanation is correct *fluens...praebet* should be rendered as though *fluit et...praebet* had been written.

Nova vada novosque gurgites ad hoc saxa are linked in the same way as XXXVIII. 14 *cum ternis cohortibus ternisque turmis ad hoc velitibus*, and would be governed by *volvens*. There would be a zeugma here as *volvens* is less appropriate with *vada* than with *gurgites*.

(2) *Non tamen navium patiens est* is answered by *quia nova vada novosque gurgites praebet*, *praebet* being supplied after *gurgites* from *praebet* at the end of the sentence. Here again there is a zeugma, one would expect *efficit* rather than *praebet* after *gurgites*, and perhaps Livy originally intended to end the sentence with *gurgites efficit*.

29 *neque iisdem*] not always the same. It was perpetually shifting its channel.

31 *glareosa*] lit. 'gravelly stones', or stones 'full of gravel', must mean 'stones mixed with gravel'.

Chapter XXXII.

p. 32. 4 § 1. *movit*] the acc. *castra* is omitted as is occasionally the case with certain expressions of frequent occurrence, where there can be no doubt what the object would be if expressed, cf. 22. 5.

quadrato agmine] 'in battle array'. 5. 16 note.

6 *facturus*] 'intending to fight'.

7 § 2. *tantum praegressos*] 'now that they had got so far ahead'. The MSS. *progressos* would mean merely 'that they had gone so far'.

8 *videt*] with *munimenta*, of actual, with *se adsecuturum*, of mental sight.

9 *ita...occursurus*] 'as he thought that in this way he would meet'.

16 § 5. *Genuam*] Genoa.

17 *eo...exercitus*] as in 29. 6, the antecedent is expressed in the relative clause.

18 § 6. *ab Druentia*] the expression is strange as Hannibal must have marched along the valley of the Druentia at any rate for a certain distance. Perhaps the meaning is 'from the passage of the Druentia'. Freshfield who holds that the route described by Livy was that actually taken by Hannibal (*Alpine Journal* XI. 273) thinks that Livy has made a mistake in mentioning the Druentia at this point. He himself puts the *Alpes* of this section, which he identifies with the Ἄλπεων ἀναβολή of Polybius, at the Col de Bayard, above Gap.

campestri...pace] this seems to correspond to Pol. III. 50 ἕως μὲν γὰρ *ἐν τοῖς ἐπιπέδοις ἦσαν ἀπείχοντο πάντες αὐτῶν οἱ κατὰ μέρος ἡγεμόνες τῶν Ἀλλοβρίγων.* While however *ἐπίπεδος* suits the country of which Polybius is speaking, the plain land of Dauphiné, it is not applicable to the river valleys which Livy represents Hannibal as following. Cf. note on *impedita*, 31. 9.

19 *bona pace*] 'with peace and goodwill'. 24. 5.

20 § 7. *in maius ferri*] 'to be exaggerated'. *ferre* here has the sense of *efferre*. Cf. the use of *ferre*=*offerre*, 12. 4; 13. 5.

prius praecepta] pleonastic. Like 20. 8 *praeoccupatos iam ante Gallorum animos esse.*

21 *ex propinquo*] cf. 24. 3 *ut ex propinquo congressus facilior esset.*

23 *torrida*] pinched, shrivelled. Cf. 40. 9 *praeusti artus...membra torrida gelu.*

24 *intonsi et inculti*] the first refers to their persons (= shaggy) the second to their attire.

25 *foediora*] 'more dreadful'. Cf. *taeter* used in the same sense. 36. 7 *taetra ibi luctatio erat.*

renovarunt] the reference is to the occasion described in 29. 7, when Hannibal found it necessary to calm their apprehensions by a speech.

26 § 8. *primos clivos*] the account of the conflict in Livy corresponds with that at the ἀναβολὴ Ἄλπεων in Polybius (III. 50. 51), by which the latter probably means the Mont du Chat. Livy would seem to refer to some point in the valley of the Durance. Freshfield thinks the Col de Bayard is meant, see on 32. 6.

28 *fugam stragemque dedissent*] zeugma. *dare edere facere* are used with *stragem*, but *facere* alone with *fugam*.

29 § 9. *Gallis*] who were these Gauls? Probably Livy means the Boians who came with Magalus, 29. 6. Polybius says that Brancus, 31. 6, supplied Hannibal with guides.

30 *transitum non esse*] not because the road was impassable, but because it was barred by the enemy.

31 *inter confragosa omnia praeruptaque*] 'where all was rock and precipice'. Livy's constant use of neut. plural adjectives substantivally, especially when they refer to localities has been noticed before, 25. 9. 35. 7 *per omnia nive oppleta cum...segniter agmen incederet.*

p. 33. 1 § 10. *haud sane multum*] not indeed much, i.e. 'not so very much', different from *haud sane voluntate principum*, 2. 4. The fact is in the latter passage there is a litotes, a peculiar emphasis on the negative. Here the words have their ordinary meaning. Thus *haud* *rudis imperator* may mean either a far from inexperienced (i.e. highly experienced) general or not an inexperienced, though not a very experienced general.

abhorrentis] sc. *a montanis.*

cum se inmiscuissent] this is a clause explaining *edoctus.*

4 *subiit*] he advanced to the foot of the hills.

ut] as though he intended. The movement was only a feint.

vim per angustias facturus] 'to force the pass'.

6 **§ 11.** *constiterant...communissent*] Hannibal and the army generally, as opposed to *ipse...consedit,* which describes the movements of Hannibal himself.

8 **§ 12.** *laxatas custodias*] 'the outposts thinned'.

laxare] is properly to make wide. In this case it is the interval between the different guards that is made wide. Thus they became '*rari*'. Cf. Tac. *H.* III. 25 *gradum inferunt...quasi recentibus auxiliis aucti, rariore iam Vitellianorum acie...Laxati ordines abrumpuntur.*

9 *manentium*] so *migrantium*, 30. 8.

in speciem] to make a show.

11 **§ 13.** *angustias evadit*] 'mounted to the top of the pass'. Verg. *A.* 4. 605 *sic fata gradus evaserat altos.* Livy uses *evadere* transitively several times. He is the first Latin prose writer to do so.

tumulis consedit] the use of the ablative of place without a preposition is much more common in Livy than his predecessors.

Chapter XXXIII.

15 **§ 2.** *castellis*] these are not mentioned in the preceding chapter. They probably stood a little further back from each side of the pass than the *imminentes tumuli,* 32. 8, which immediately commanded it.

conveniebant cum...conspiciunt] the form of sentence is the same as in 25. 1 *nihil perlatum erat cum Boii defecerunt.*

16 *arce*] probably only of a natural stronghold.

alios] the picked men with Hannibal, 32. 13.

17 *alios*] the rest of the Carthaginian army.

18 **§ 3.** *oculis animisque*] these are rather ablatives defining *immobiles* than datives governed by *obiecta.*

19 *inmobiles...defixit*] *inmobiles* is proleptic = *ita ut inmobiles essent. defixit*, 'paralysed'. Cf. XXII. 53. 6 *quod malum...cum stupore ac miraculo torpidos defixisset.*

21 *consternatis*] here and in 7, of horses; 11. 13, of people. 24. 2 *ad arma consternati.*

22 § 4. *satis ad perniciem fore*] 'would be enough to complete their disaster'. XXIX. 34. 8 *nequaquam satis valido ad lacessendum hostem.*

23 *diversis rupibus*] 'they rush down from the rocks at different points'. κατὰ πλείω μέρη, Pol. III. 51. 3. The MSS. give *perversis rupibus iuxta invia ac devia adsueti decurrunt.* For this Madvig reads *per diversis rupibus iuxta invia ac devia*; *diversis rupibus* explaining the adjectives, but *devia rupibus*, 'places where the rocks rendered detours necessary', is awkward, and *devia adsueti* doubtful.

iuxta] *iuxta* = *pariter*, a use of the word common in Tacitus. V. 6. 5 *contendant...se iuxta hieme atque aestate bella gerere posse.* XXIV. 20. 13 *die atque nocte iuxta intentus.* From which instances it appears that *iuxta* may either precede or follow the contrasted words.

in vias ac devia adsueti] 'accustomed to' etc. XXIV. 5. 9 *in omnia familiaria iura adsuetum. devia* means places off the road. The meaning is: road or no road it was all one to them.

24 § 5. *ab iniquitate*] *ab* is used partly for the sake of correspondence with *ab hostibus*, partly because its use with *oppugnabantur* makes *iniquitate* appear more like an ablative of the agent than one of the instrument.

25 *sibi*] dat. commodi. *pro se quisque* is commoner in this sense. Cf. Tac. *Ann.* I. 65 *sibi quisque properus.*

26 *periculo evaderet*] generally with *ex*.

27 § 6. *infestum faciebant*] 'endangered'. *infestus* is often used in a passive sense. It is in fact a participle in form, having the same relation to the word *fendo* (not found) as *indefensus* to *defendo.*

28 *repercussae*] lit. 'thrown back'. If used of light it means 'reflected', if of sound 'reverberated'. Here however it is used not of the sound which is thrown back, but of that which throws it back, with a meaning which describes the general result of the process, 'echoing'.

31 § 7. *multosque*] *homines.*

32 *turba*] the pressure of the crowd.

praecipites...utrimque angustiae] Livy seems to describe the army as being on a kind of razor edge. Polybius only says that the ascent was narrow and precipitous. οὔσης γὰρ οὐ μόνον στενῆς καὶ τραχείας τῆς προσβολῆς ἀλλὰ καὶ κρημνώδους, III. 51. 4.

p. 34. 1 *in inmensum altitudinis*] see note 31. 2 *mediterranea Galliae.*
quosdam et armatos] this means that some of them were soldiers, though the majority were camp followers, etc.

2 *sed*] introduces a climax, 'while as for the baggage animals'.
ruinae maxime modo] 'much like falling buildings', 'much in the manner of stones from a falling house'. For *maxime*, cf. 38. 1 *hoc maxime modo in Italiam perventum est*, 'much in this fashion'.
For the genitive depending on *modo*, cf. 30. 8 *migrantium modo.*

3 § 8. *foeda*] 'dreadful', as *foediora* in 32. 7.

6 § 9. *exutum*] = *si exutum esset*, as *cunctantem* 5. 2 = *si cunctaretur*. 'Lest he should find he had brought his army through to no purpose if stripped of its baggage'. Cf. Pol. III. 51. 6 συλλογιζόμενος ὡς οὐδὲ τοῖς διαφυγοῦσι τὸν κίνδυνον ἔστι σωτηρία τοῦ σκευοφόρου διαφθαρέντος. The baggage seems to have been in the rear, see note on 34. 4, and the break in the line (*interrumpi agmen*) to have been made between the baggage train and the rest of the army. Thus most of those thrown down the rocks were camp followers and but few soldiers (7 *quosdam et armatos*).

7 *decurrit et, cum fudisset hostem, suis quoque tumultum auxit*] one would expect *et fudit hostem* to follow *decurrit*. But the writer makes the sentence contain another idea and puts *fudit* into a subordinate sentence. This arrangement obscures the importance of *fudit*. We should say, 'routed the enemy, though he increased the confusion etc.'

10 § 10. *liberata*] 'cleared'.

12 § 11. *castellum*] Polybius III. 51. 10 in the account corresponding to this mentions the capture of the town ἐξ ἧς ἐποιήσαντο τὴν ὁρμὴν οἱ πολέμιοι, probably referring to Chevelu at the foot of the Mont du Chat. Possibly Livy means Vapincum (Gap) at the foot of the Col de Bayard. See note on 32. 8.

13 *cibo*] this word is wanting in the MSS., but *captivo* requires a substantive. Cf. I. 53. 3 *captivam pecuniam*; VII. 14. 7 *captiva arma.* [Rather *capto cibo* which would readily run into *captibo, captivo.* J. S. R.]

14 *primo*] 'at first', 'for the moment'. In 34. 7, they renew the attack.

CHAPTER XXXIV.

17 § 1. *inde*] Polybius says this was on the 4th day after the capture, which would be the sixth day from the ἀναβολὴ τῶν Ἄλπεων.

ut inter montanos] this qualifies *frequentem*, 'populous for a mountain one'.

18 *populum*] here rather of place than people, 'canton'.

20 § **2**. *magno natu*] as in 18. 1 *legatos maiores natu*. Aged envoys are sent as being likely to have more influence.

principes castellorum] Pol. merely οἱ περὶ τὴν δίοδον οἰκοῦντες.

21 *oratores*] with *veniunt*, 'come as envoys'.

Poenum] *Hannibalem*.

22 *memorantes...malle*] *se* is omitted as in 25. 7 *negantibus dimissuros*.

25 § **3**. *ad fidem promissorum*] 'to be a guarantee for their promises'. As in 19. 5 *fides* is used of that which produces confidence. *ad* expresses purpose as in *ad praesidium*, 23. 3.

27 § **4**. *repudiati*] = *si repudiati essent*. Cf. 33. 9 *ne exutum impedimentis exercitum nequiquam traduxisset*.

28 *dabant*] were ready to give, 'offered'.

29 *nequaquam...conposito agmine*] The order in which the words should be taken is *agmine composito nequaquam ut inter pacatos*, 'with his army disposed in very different order to that usually observed in passing through a settled country'. It seems that in the latter case the baggage train came last. Hannibal strengthened his front and rear.

30 *sequitur*] Polybius says for 2 more days, which makes 6 days since the capture of the fort or 8 days since the ἀναβολὴ τῶν Ἄλπεων. Cf. note on section 1.

32 § **5**. *robore*] the strongest part, 'the main body'. In Polybius τοὺς ὁπλίτας.

circumspectans omnia sollicitusque] C. M. *circumspectans sollicitusque omnia*. But *sollicitus omnia* is doubtful. True we have *hastili...cetera tereti*, 8. 10. But *cetera* is used thus elsewhere in Livy, while instances of *omnia* thus used are only to be found in later writers. Madvig reads *circumspectans sollicitus omnia*, in which case *sollicitus* = *sollicite*.

p. 35. 1 § **6**. *angustiorem viam*] Polybius III. 52. 8 φάραγγα τινὰ δύσβατον καὶ κρημνώδη, which is thought to refer to a defile along the Reclus torrent, which one has to ascend, leaving the Isère, at the point where the actual ascent to the top of the Little St Bernard pass commences.

2 *undique...a fronte ab tergo*] *undique* is restricted by *a fronte ab tergo*. 'Rising everywhere from their ambuscades in front and rear'.

3 *a fronte ab tergo...comminus eminus petunt...devolvunt*] the omission of the copula indicates rapidity of action.

5 § **7**. *in eos versa...haud dubium fecit*] lit. 'the infantry facing against

them made it clear'. Really of course it was the conflict which ensued which made it clear. The meaning is 'the infantry faced towards them, and it became clear'. The difficulty in translation (there is none in comprehension) arises from Livy's fondness for expressing two ideas in the same sentence, and with the same verb.

6 *quin...accipienda clades fuerit*] 'that they must have suffered'. The more usual periphrastic future (*quin accepturi fuerint*) would have meant 'that they would have suffered'.

7 § **8.** *tunc quoque*] 'even as it was', καὶ ὥς.

extremum periculi] cf. *in immensum altitudinis* 33. 7 and note.

8 *ac*] subjoins, as often, something of greater weight than what has preceded, 'and indeed'.

prope] best taken as an adverb, *perniciem* being governed by *ad*.

9 *agmen*] this only refers to the rear guard. The main body of the army had already entered the defile.

quia non, etc.] Hannibal was keeping his ground at the entrance of the defile, and preventing the enemy from entering it to attack the rest of the army in the rear. Should he lead the rearguard into the defile there was no one to perform the same office for him.

11 *per obliqua*] lit. crosswise, sc. in flank.

12 § **9.** *noxque una*] Polybius III. 53. 4 says he was compelled νυκτερεῦσαι περί τι λευκόπετρον ὀχυρὸν χωρὶς τῶν ἵππων καὶ τῶν ὑποζυγίων. The rock has been identified with the so called Roche blanche in the plain of Scez, and at the foot of the ascent to the Little St Bernard pass.

13 *Hannibali*] dative of the agent, cf. 39. 1 *Taurinis...adversus Insubres bellum motum erat.*

CHAPTER XXXV.

14 § **1.** *intercursantibus*] i.e. between the infantry with Hannibal in the rear, and the baggage and cavalry in the front.

15 *haud sine*] Cicero uses only *non sine*.

17 § **2.** *inde*] 'after this': *iam* with *pauciores*, with the meaning of gradual change, 'in ever dwindling numbers'.

20 *utcumque...daret*] In Livy and later writers the imperf. and pluperf. subjunctive are used with *ubi*, *cum*, *utcumque*, *quicumque* or the relative, to express repeated action. Cf. two instances in sections 2 and 4; also 4. 4 *neque alium quemquam praeficere malle ubi quid fortiter ac strenue gerendum esset*; *ib.* 7 *id quod gerendis rebus superesset quieti datum.*

daret] for the dangerous places would always be there.

21 *fecissent*] for the opportunity for attack was momentary.

progressi morative] 'stragglers in front or rear'. *progressi* which properly only means 'who had gone on' gets the meaning of *longius progressi* from the context.

23 § 3. *tutum...praebebant*] So Polybius III. 53. 8 καθ' ὃν γὰρ ἂν τόπον ὑπάρχοι τῆς πορείας ταῦτα (τὰ θηρία) πρὸς τοῦτο τὸ μέρος οὐκ ἐτόλμων οἱ πολέμιοι προσιέναι.

24 *adeundi propius*] *propius* with *adeundi* not with *insuetis*.

26 § 4. *nono die*] Polybius assigns the same number of days to the ascent from the ἀναβολῇ πρὸς τὰς Ἄλπεις to the summit, and accounts for them all, which Livy does not, see on 34. 1 and 4. It does not appear from what point Livy reckons them unless it be from the 'Alpes', 32. 6.

per invia pleraque] sc. *loca*; 'over ground generally trackless', cf. 25. 9 *silvae tunc circa viam erant plerisque incultis*. 35. 7 *per omnia nive oppleta*.

27 *errores*] 'strayings from the right path', 'roundabout ways'.

ducentium] substantivally: the same persons are meant as the *duces*, 34. 4. Cf. 30. 8 *migrantium modo*.

ubi esset] 'whenever': the subjunctive of repeated action, see on 2.

28 *temere*] 'at random': they were entered on the chance of being the right ones.

29 § 5. *stativa*] sc. *castra*.

32 § 6. *nivis*] Pol. III. 54 τῆς δὲ χιόνος ἤδη περὶ τοὺς ἄκρους ἀθροιζομένης διὰ τὸ συνάπτειν τὴν τῆς Πλειάδος δύσιν.

p. 36. 1 *occidente iam sidere Vergiliarum*] a constellation may be said to set (1) when, the sun being in that constellation, it consequently sets at the same time as the sun. Of course in this case the brightness of the sun prevents the constellation from being seen. This is the true evening setting: (2) when it sets almost at the same time as the sun, but not so soon after it as to prevent its being seen. This is the apparent evening setting: (3) when it sets in the W. just as the sun is rising in the E. This is the true morning setting. It is this setting which is referred to here.

Pliny II. 47. 125 *Vergiliarum occasus...in* III. *Idus Novembres incidere consuevit*, the 26th October according to the present calendar.

2 § 7. *per omnia nive oppleta*] over ground wholly covered with snow: 32. 9 *inter confragosa praeruptaque omnia*: cf. also 4.

3 *pigritia*] 'listlessness'.

4 *emineret*] was conspicuous, we should say 'was depicted'.

5 **§ 8.** *promuntorio*] (*prominere*) here not a promontory, but merely a height.

prospectus] 'a distant view'. From none of the passes of the W Alps can such a view be obtained as that indicated by Livy. His account seems an embellished version of Pol. III. 52. 2 ἐπειρᾶτο συναθροίσας παρακαλεῖν, μίαν ἔχων ἀφορμὴν εἰς τοῦτο τὴν Ἰταλίας ἐνάργειαν. ἐνάργεια however does not in Polybius mean a clear view, but only 'sure evidence', such as would be afforded by the fact that the descent had begun.

7 **§ 9.** *tum*] 'at that moment they were crossing'. Hannibal is not anticipating. Cf. Serv. *Aen.* X. 13 *Alpes secundum Catonem et Livium muri vice tuebantur Italiam.*

8 *transcendere*] governed by some word of saying, such as is readily imagined to have accompanied the action described by *ostentat.*

9 *proclivia*] lit. down-hill: here more probably metaphorical, 'easy'. *Tam in proclivi est quam imber est quando pluit,* Plaut. *Capt.* 2. 2. 86.

summum] 'at most'; XXXIII. 5. 8 *duo aut summum tres iuvenes.*

12 **§ 10.** *furta*] 'surprises'.

per occasionem] 'as opportunity offered'.

13 **§ 11.** *multo*] unusually far from *difficilius* to which it belongs.

ut] gives the reason, 'as'.

ab Italia] on the Italian side. So *ab hostibus*, 5. 9.

17 **§ 12.** *haerere adfixi vestigio suo*] 'they could not remain firm where they stood'. For *vestigio* cf. XXII. 49. 5 *mori in vestigio*, to die where you stand: 44. 6 *nusquam te vestigio moveris.*

C. M. *adflicti*, this would mean when once down; but it is the efforts of the soldiers to avoid falling that are described.

que] introduces the final result, 'and so'.

CHAPTER XXXVI.

19 **§ 1.** *angustiorem rupem*] i.e. than that mentioned in 34. 6. Pol. III. 54. 7 τόπον ὃν οὔτε τοῖς θηρίοις οὔτε τοῖς ὑποζυγίοις δυνατὸν ἦν παρελθεῖν διὰ τὴν στενότητα.

Only in the resemblance of *angustior* and στενότητα do the accounts of Livy and Polybius agree with each other. Polybius is thinking of a track along the side of a valley, which has been narrowed by some of the soil having been carried away; Livy of a narrow and steep path down the face of a cliff. *Rupem* means then not a ledge of rock, but a 'rocky path'.

ita rectis saxis] 'so nearly perpendicular'.

20 *temptabundus*] 'feeling his way'. It is the state of the road *after* the landslip which is being described, the pluperfect in the next sentence being explanatory.

22 *circa*] 'on either side of the path'. Cf. *circa Padum*, 25. 2, note.

§ 2. *natura locus iam ante praeceps*] 'the ground naturally steep'.

24 *pedum mille...altitudinem*] Pol. III. 54. 7 σχεδὸν ἐπὶ τρία ἡμιστάδια τῆς ἀπορρῶγος πρὸ τοῦ μὲν οὔσης, i.e. the precipice at the side of the road extended for 1½ stades. Livy appears to have misunderstood this or the corresponding passage in the author he followed, and to have converted the 1000 ft. of length into 1000 ft. of depth.

26 § 3. *miranti*] expressing his wonder: thus *blandientem*, I. 9, is used as a verb of asking.

27 *digressus*] he went away, i.e. from where he was, 'started off'.

28 § 4. *quin...circumduceret*] 'that he would have to march round', an instance of the obligatory or jussive force of the subjunctive in a dependent sentence. *Circumduceret* alone might mean *circumducere debuit.* Madvig (on *de Fin.* II. 35) quotes, *Non triumphum impedire debuit... sed postero die, quam triumphatum esset, nomen deferret et legibus interrogaret*, XLV. 37. 3.

Pl. *Trin.* 134 *Non ego illi argentum redderem? Non redderes.*

invia circa] cf. 7. 5 *patentiorem quam cetera circa vallem*, note.

circa] on either side of the broken road, as in the preceding section.

30 § 5. *ea vero*] the road now attempted.

31 *intactam*] unmelted. It had remained there since the last spring. Pol. III. 55. 1 ἐπὶ γὰρ τὴν προϋπάρχουσαν χιόνα καὶ διαμεμενηκυῖαν ἐκ τοῦ προτέρου χειμῶνος ἄρτι τῆς ἐπ' ἔτους πεπτωκυίας.

It is not easy to form a definite picture of what is here described.

It might be gathered from Livy's description that the army, brought to a standstill by the break in the road, entered a side valley and got upon a glacier. *Dura et alte concreta glacie* certainly suggests this idea. Yet upon the whole it seems likely that Livy's account is only an embellished reproduction of that of Polybius. The latter is thought to indicate that the army unable to proceed by the road attempted to get round the broken part by going along the bed of the stream, and that there they found an accumulation of old snow.

At La Tuile a short way below the top of the Little St Bernard pass is a spot where the old road which ran high up on the left bank of the Baltea used frequently to be carried away by avalanches, and this for about 300 yards of its length. In consequence of this it has been abandoned and a new road made on the right bank. The snow of the avalanches accumulates in the bed of the stream, frequently bridging it completely over and remaining unmelted throughout the year. (Law, *Alps of Hannibal*, I. 283.)

p. 37. 1 § 6. *nudam infra glaciem*] *infra*=*quae infra erat*, cf. *circa*, 4. *Glacies* refers to the hard and frozen surface of the old snow.

2 *fluentem tabem*] 'the watery slush': *tabes* can be used of any melting or decaying substance.

liquescentis nivis] this was the freshly fallen snow.

3 § 7. *taetra*] 'dreadful', cf. *foeda*, 33. 8.

via lubrica glacie] C. M. *ut a*, which Madvig omits. But it probably represents something, very likely *via*, Weissenborn's suggestion.

lubrica] agrees with *via* and is explained by *glacie*.

non recipiente vestigium] 'gave them no foothold'.

4 *in prono*] Pol. III. 55. 4 ἐπὶ πολὺ κατωφερῶν ὄντων τῶν χωρίων. This is not inconsistent with the view taken above on 5. There might be sufficient slope in snow lying across the bed of a torrent for the latter to be slippery if hard.

6 *iterum*] the first fall is indicated by *glacie pedes fallente* above.

7 *ad quas...eniti*] the meaning seems to be 'resting on which they could struggle up (i.e. to their feet) using hand or foot'.

8 *in levi tantum glacie*] 'on what was nothing but smooth ice': *tantum*, in allusion to the absence of anything on which they could support themselves.

9 § 8. *secabant*] they first cut into, and then, in their struggles broke right through the old frozen snow.

infimam nivem] the same as *nudam infra glaciem*. One would expect *inferiorem* as only two layers of snow have been mentioned, the fresh fallen and the unmelted snow of the previous year.

10 *conitendo*] in their struggles to rise. Cic. *de Fin.* V. 15. 12 *conituntur ut sese erigant.*

12 *dura et alte concreta glacie*] this probably does not refer to solid ice, but to the *vetus intacta nix* which was frozen solid to a considerable depth, so that it had a thick crust of ice upon it.

CHAPTER XXXVII.

14 § 1. *iugo*] the army now returns to the point where the road was broken away. *Iugum* is the higher level indicated in 36. 1.

16 § 2. *ad rupem muniendam*] the regular expression for to make a road is *viam munire*. *viam muniunto*, XII. *Tables*. Here *rupem munire* is used for *viam per rupem munire*. It is a later adaptation of the former expression. So Tac. *Agricola* 31 *corpora...silvis ac paludibus emuniendis...conteruntur*.

The operation described is apparently the making of a way down the face of an almost perpendicular cliff. Polybius, τὸν κρημνὸν ἐξῳκοδόμει, which means, that Hannibal widened the narrow ledge, which according to his account was all that was left of the road along the valley side, by making a sort of terrace.

19 *deiectis*] 'felled'. A more usual word in this sense is *caedere*.

detruncatis] cleared of branches. This incident does not occur in Polybius' account.

20 *vis venti*] a strong wind, 58. 9 *tanta vis frigoris*.

21 *infuso aceto*] this incident is also recorded by Appian and Ammianus Marcellinus. Pliny XXXIII. 1. 57, mentions the practice, *Acetum saxa rumpit infusum quae non rupit ignis antecedens*. The vinegar might be supplied from the *posca* which the soldiers carried with them. On the whole it appears not impossible that the thing may have been done on a small scale. Limestone rock might be softened by vinegar. Some instances of similar statements by oriental historians are given in vol. XI. 481 of the *Alpine Journal*.

Juvenal's *diducit scopulos et montes rumpit aceto* (*S*. X. 153) is an exaggeration, though this is the idea that Sir Thomas Browne (*Enquiry into Vulgar Errors*, vol. III. 20) thought it necessary to combat. 'That Hannibal ate or brake through the Alps may be too grossly taken. For as it is vulgarly understood that he cut a passage for his army through these mighty mountains, it may seem incredible not only in the greatness of the effect but in the quantity of the efficient, and such as behold them may think an ocean of vinegar too little for that effect'.

22 § 3. *molliunt anfractibus modicis clivos*] 'relieve the steepness of the descent by zigzags of moderate incline'. Cf. Caesar *de B. G.* VII. 482 *circuitus ad molliendum clivum*.

24 § 4. *quadriduum*] Polybius says the horses were got across in

one day, 3 more days being spent in making the road **wide enough for** elephants.

circa rupem] metaphorical 'over the rock', rather than 'round it', in its neighbourhood.

27 § 5. *inferiora*] the lower slopes as opposed to *cacumina*.

rivosque prope silvas] *prope* governs *rivos* though it follows it. Madvig reads *et prope silvas*=and almost forests.

28 *iam digniora*] a country which gradually became more worthy, etc. This is the force of *iam* with the comparative in this and the succeeding section: cf. 35. 2 *montani pauciores iam...incursabant*.

29 § 6. *muniendo*] absolute, 'road making'.

Chapter XXXVIII.

32 § 1. *hoc maxime modo*] τούτῳ μάλιστα τρόπῳ. 'Much in this way.' Cf. 34. 7 *ruinae maxime modo*.

quinto mense a Carthagine nova] short for *quinto mense postquam a Carthagine nova profecti sunt*.

For *quam*=*postquam*, cf. 15. 3 *octavo mense quam coeptum oppugnari captum Saguntum*.

Hannibal apparently started from New Carthage in May and reached Italy at the end of October. Cf. 35. 6.

p. 38. 1 *ut quidam auctores sunt*] the words refer only to the preceding clause. There seems to have been no difference of opinion as to the 15 days.

quidam] this includes Polybius, III. 56. 3.

auctores sunt] is used as if it were a single word=*tradunt*, thus it may govern an accusative. XXXIII. 16. 15 *quod quidam auctores sunt*.

2 *quinto decimo die*] yet the notes of time in these chapters make the total not 15 but 18. 35. 4 *nono die in iugum perventum est*. 35. 5 *biduum in iugo stativa*. 37. 4 *quadriduum circa rupem*. ib. 6 *triduo inde ad planum descensum*.

Polybius gives the same number, but he says (37. 4, note) that all the army except the elephants got across the bad part of the road in one day. The rest of the army then may have pushed on and the foremost of them (Polybius' expression is ἥψατο τῶν πεδίων) reached the plain in 3 days. Law, *Alps of Hannibal*, I. p. 317, says 'one cannot believe that this numerous host stood still, all waiting for the elephants'.

6 § 2. *qui minimum*] Polybius, for one, III. 56. 4. He says the

26,000 consisted of 12,000 African and 8000 Spanish infantry, with 6000 cavalry. He gives these numbers, like those of the troops for the defence of Spain and Africa at the beginning of the war, on the authority of the inscription at Lacinium, (cf. 22. 12 note) ὡς αὐτὸς ἐν τῇ στήλῃ τῇ περὶ τοῦ πλήθους ἐχούσῃ τὴν ἐπιγραφὴν ἐπὶ Λακινίῳ διασαφεῖ.

7 § 3. *L. Cincius Alimentus*] he was Praetor in 211 B.C. and held a command in Sicily in the following year: he wrote a history of Rome in Greek.

8 *maxime me auctor moveret*] 'would have most weight with me as an authority'. *me* is not in the MSS., but might easily have slipped out after *maxime*. Cf. 9 *si quem forte id movet*. *Movere* is rarely used without an object except for *movere castra* (note on 22. 5). Wölfflin quotes however *haec maxime movit sententia*, XXXVII. 15. 9.

9 § 4. *cum his*] including the Gauls and Ligurians.

10 *adducta sunt*] *in Italiam*, as the question under discussion is how many troops were brought into Italy.

There is more than one difficulty connected with this citation from Alimentus. Perhaps Livy misunderstood the passage. Perhaps the text was corrupt.

It is unlikely that Hannibal swelled his army and increased the difficulty of providing for it before crossing the Alps, or that Alimentus, a commander himself, said he did so.

11 *magis*] with *veri simile est*.

12 § 5. *audisse*] depending on *scribit*. The subject is omitted with *audisse* and *omisisse* as in 25. 7; 27. 7.

13 *triginta sex milia*] according to Polybius Hannibal had lost 18,000 foot and 2,000 horse since the passage of the Rhone (cf. III. 60, III. 56). On the other hand he had lost 30,000 infantry and 3,000 cavalry since he crossed the Pyrenees (cf. III. 35, III. 56). It is possible then that in this statement the Rhone has been substituted for the Pyrenees by some mistake either of Livy or Alimentus. If so there would only be a difference of 3000 between the totals of Alimentus and Polybius.

14 *Taurini sane Galli*] 'certainly the Taurinian Gauls were the first etc.' (i.e. whatever doubt there may be on other points). *sane* is a conjecture. M. *snegalli*. Madvig reads *Semigalli* on the analogy of *Semigermanis*, 8, and his conjecture is countenanced by the fact that Appian calls the Taurini Celts, while Strabo and Pliny call them Ligurians.

The Taurini lived E. of the Cottian Alps. Their centre in later times was Augusta Taurinorum (Turin). If Hannibal descended directly into the territory of the Taurini he must have crossed the Alps by the Mont Cenis, the Mont Genèvre, or the Col d'Argentière. Livy's account points to one of the two latter.

16 § 6. *omnes*] this passage has been used as an argument to prove that Polybius, as to whose meaning there is some doubt but who certainly appears to bring Hannibal down into the Insubres, is really in agreement with Livy and brings him down into the Taurini. The meaning of *omnes* can hardly be pressed. Livy uses such phrases as *plerique*, when speaking of his authorities, very loosely. There is certainly one exception in Coelius.

17 *credere*] the change from the pass. *ambigi* is remarkable, 'that people believe'. In *oratio recta*, *credere* would be *credunt*, used, as *ferunt perhibent etc.* often are, without an expressed subject.

Poenino] sc. *iugo*, the pass of the Great St Bernard.

inde nomen] Pliny III. 123 gives the same etymology, *Graias atque Poeninas...his Poenos, Graiis Herculem transisse dicunt.*

18 *Coelium*] Coelius Antipater was a contemporary of the Gracchi, about 120 B.C. He wrote seven books of histories on the 2nd Punic war, the earliest Latin historical monograph. His work was more ambitious in style than that of the earlier annalists. Cic. *de Or.* II. 54 *addidit historiae maiorem sonum.* Further, it appears that he used Carthaginian as well as Roman authorities, especially Silenus. Cic. *de Div.* I. 49 *in Sileni, quem Coelius sequitur, Graeca historia.* He was probably one of Livy's chief authorities. The latter cites him by name in 46, 10; 47. 4. Coelius was fond of recording prodigies. Accordingly we find Livy drew from him the account of Hannibal's dream on the Ebro.

Cremonis iugum] the pass is not otherwise known. Probably the Little St Bernard is meant. This and the Great St Bernard are the only passes which would have brought Hannibal down into the valley of the Doria and the country of the Salassi, and the *Cremonis iugum* is apparently distinguished from the *Poeninum iugum.* We cannot identify it with the Cramont, which lies just N. of the Little St Bernard, on the ground of the resemblance in the name, for *Cramont = Grand Mont*, and is a name which recurs in the Alps.

20 § 7. *Salassos*] E. of the Graian Alps in the upper valley of the Doria Baltea. *Salassos* is Lipsius' conjecture for *saltus* C. M. Madvig, objecting that *montanos* would not be required with *Salassos*, reads *alios.*

Libuos Gallos] the Gaulish tribe of the Libui. So *Taurini Galli*, 5. They lived lower down the Doria Baltea than the Salassi, and were at this time probably dependents of the Insubres. The ground for this inference is a statement of Polybius, III. 17. 4, that the Lai and Lebecii settled in the country afterwards occupied by the Insubres. This was at the time of the first Gaulish immigration, 200 years before Hannibal's invasion, and we hear nothing of them since.

21 § **8**. *patuisse*] there was no road over the Great St Bernard till the time of Augustus. However from what follows it seems more likely that the reference is to the temper of the inhabitants.

22 *utique*] 'at any rate'. See on 29. 7 *rem fama utique inexpertis horrendam*.

23 *semigermanis*] who would have given Hannibal some trouble, whereas we do not hear of his meeting with any resistance.

§ **9**. *montibus his*] 'this range', i.e. the Pennine Alps, including more than the *Poeninum iugum* itself.

24 *Seduni Veragri*] the Seduni and Veragri. The centre of the Seduni was Sedunum (Sion) that of the Veragri Octodurus (Martigny). The territory of both tribes extended from the Rhone valley up to the summit of the Alps.

25 *norint*] this is a more modest assertion than would be expressed by *norunt*. But the modesty is assumed ironically. 'They do not, I imagine, know'. Cf. 47. 5 *ea peritis amnis eius vix fidem fecerint*. So 15. 6 *censeam*.

inditum] is a participle. *n. inditum* means then 'the naming'. Livy does not use *novi* with acc. infin.

26 *quem...sacratum...appellant*] i.e. who has a temple on the summit, and whom they call, etc. For the identification of a god with his temple cf. Hor. *Ep*. I. 3. 17

Scripta Palatinus quaecunque recepit Apollo.

It may be noticed that neither of these two arguments tell decisively against the Little St Bernard as opposed to the Great St Bernard.

CHAPTER XXXIX.

28 § **1**. *peropportune ad principia rerum*] 'most opportunely for the opening of the campaign'.

Taurinis] the dative of the agent. So 34. 9 *nox una sine equitibus Hannibali acta est*.

p. 39. 1 *armare*] not 'to arm', i.e. to provide with arms, but 'to get under arms'.

2 *in reficiendo*] absolute, 'in recovering'.

3 *contracta*] 'suffered': so *contrahere molestias*, Cic. *ad Fam.* 2. 16. 15. *aliquid damni*, Cic. *Fin.* 5. 30. 91.

5 § 2. *cultus*] is what is expressed by *corpora curare*; it means change of clothing, baths, etc., in one word 'comfort'.

inluvie tabeque] dirt and damp, the latter especially from wet clothes.

6 *efferata*] Pol. ἀποτεθηριωμένοι.

varie movebat] affected in different ways. 30. 2 *animos varie versat.*

7 § 3. *exercitu accepto tirone*] the context shews that the meaning is 'although he had received'. *tirone* used as an adjective again in 43. 14. Cf. 5. 4 *victor exercitus.*

8 *Manlio*] one of the *praetors.* He was sent to command in Cisalpine Gaul, 17. 7, and went to the relief of Mutina, 25. 8, but was defeated and hardly escaped to Tannetum.

Atilio] the second praetor sent to the relief of Manlius, 26. 2.

in] we should say 'at'.

ignominiis] the two defeats inflicted on Manlius by the Gauls, c. 25. 8.

9 *trepido*] 'demoralised'.

10 § 4. *cum...venit*] *cum* is used with the indicative of an action which is represented as occurring at the same time as another action, *cum* in such cases meaning 'at the time when'. Roby, *Lat. Gr.* 1721.

11 *moverat*] *castra* is omitted as often.

Taurinorumque...urbem] called by Appian *Taurasia*, possibly on the site of the later Augusta Taurinorum (Turin).

12 *volentes*] *cives*, suggested by *civitas.* So 7. 2 *civitas...oriundi a Zacyntho insula dicuntur.*

16 § 6. *quae*]=*utra.*

17 *praesentem*] 'whoever was on the spot'.

19 § 7. *nondum satis noti*] not yet well known. See 11. 6 *nec satis scire poterant*, note.

20 § 8. *et apud Romanos*] even among the Romans (as well as the Carthaginians and Spaniards). This '*et*' therefore does not correspond to that before *Scipionis*, which simply means 'and'.

21 *celeberrimum*] well known. 19. 8 *celebre responsum.*

22 *potissimum*] in preference to all others.

23 § 9. *auxerant inter se opinionem*] 'each had increased the other's good opinion of him'. *inter se*, which expresses a general idea of reciprocity, has here the same force as a genitive of a reciprocal, as in 28. 11 that of an accusative. *urgentes inter sese* = *alius alium*.

25 *et conatu...et effectu*] 'by the boldness of his attempt to cross the Alps, and its success'.

27 § 10. *occupavit*] ἔφθασεν, was the first to cross.

tamen] in spite of the praise just bestowed upon him. A slight reproof to Scipio for his rashness.

CHAPTER XL.

31 § 1. *supersedissem loqui*] 'I should have refrained from speaking': in earlier writers as Cicero and Caesar *supersedere* is only used with the ablative.

apud vos] incorrectly expressed. But the immediately preceding words mean 'had you been the men whom I commanded in Gaul'.

p. 40. 1 § 2. *ad Rhodanum flumen*] c. 29. 3.

3 *fugientem*] cf. 31. 3. Hannibal had struck inland, *minus obvium fore Romanum credens, cum quo, priusquam in Italiam ventum foret, non erat in animo manus conserere.*

confessionem cedentis ac detractantis certamen] 'the confession of inferiority which he made by retiring and declining to fight'.

5 *pro victoria habui*] 'regarded as a victory'.

6 § 3. *Hispaniae...scriptus*] 'raised for service in Spain'. A dative of work contemplated. Roby, *Lat. Gr.* 1156.

7 *meis auspiciis*] only a commander in chief could take the auspices, consequently a *legatus* was said to act under the auspices of his commander in chief. In the time of the empire all generals acted under the auspices of the Emperor. *Mon. Ancyr. Res aut a me aut per legatos meis auspiciis gestas.* Suet. *Aug.* 21 *Domuit partim ductu partim auspiciis suis Cantabriam.*

8 § 4. *ego...obtuli*] still part of the subordinate sentence 'while I'.

13 § 5. *viginti annos*] this is not quite correct: according to the first draft of the treaty of Catulus 2200 talents were to be paid by Carthage in 20 years; according to that which was eventually approved 3200 in 10 years.

14 *a quibus capta belli praemia Siciliam ac Sardiniam habetis*] 'taken from whom as prizes of the war you hold Sicily and Sardinia'. One would

expect *captas* for *capta*, but the participle is attracted into agreement with *praemia*.

Sicily was added to Rome under the treaty of 241 B.C. at the end of the first Punic war, Sardinia however was taken by the Romans afterwards, 238 B.C.

16 § 6. *nec nunc*] = *et nunc non quia audent*, not *ne nunc quidem*: although *nec* is used in this sense by Livy and later writers, e.g. Martial, v. 69. 4 *Hoc admisisset nec Catilina nefas*.

audent] absolute, 'they have confidence'.

17 § 7. *nisi creditis*] ironical = 'for I don't suppose you believe', generally *nisi forte* is used in this sense.

18 *duabus partibus*] two-thirds, so *tres partes* three-fourths, etc.

19 *qui plures paene perierint quam supersint*] as these words stand they only weaken the force of *duabus partibus*. Some leave out *paene* and read *quia* for *qui*, understanding the clause as expressing an ironical reason for *plus spei nactos*. It seems better however to bracket the whole as a gloss.

20 § 8. *at enim*] as usual anticipates a possible objection. There is of course something not expressed. 'But (it is not so) for'.

21 *quidem*] concessive, 'if few they are vigorous'.

23 § 9. *immo*] corrective. 'No, they are mere ghosts'.

25 *praeusti*] sc. *sunt*, 'frost-bitten'.

membra torrida gelu] 'pinched', cf. 32. 7 *pecora iumentaque torrida frigore*.

27 § 10. *hoc*] = *tali*.

28 *habetis*] 'you have before you'. The present is quite consistent with *pugnaturi estis*, 'You are about to fight', above. Cf. Silius Italicus, 4. 68 *hostem, miles, habes fractum*.

ac] at the beginning of a sentence, *ac* introduces an additional consideration of greater weight than what has preceded. 'And indeed'.

30 § 11. *decuit*] 'it was right that it should be so'.

foederum ruptore] for the use of a substantive as an adjective cf. *victor exercitus* 5. 4, *exercitu tirone* 39. 3.

31 *duce*] in reference to Hannibal's attack on Saguntum, in violation of the treaties of 241 B.C. and 225 B.C. *populo*, because the Carthaginians had refused to disown his act. Perhaps Livy was thinking of Hor. *C.* III. 3. 24.

Ilion...mihi
Castaeque damnatum Minervae
Cum populo et duce fraudulento.

deos ipsos] in c. 10 Hanno speaks of the Gods as avenging the violated treaties in the first Punic war. *Mox Carthaginem circumsedebunt Romanae legiones ducibus iisdem dis per quos priore bello rupta foedera sunt ulti.*

32 *committere bellum*] more often *proelium*.

ac] linking two words lays stress on the second. 34. 8 *periculum ac prope perniciem.*

profligare] 'almost to dispatch': so *profligatum* immediately below ='virtually decided'. Suet. *Otho* c. 9 *profligaverat bellum Iudaicum Vespasianus*, though it was Titus who took Jerusalem.

secundum deos] 'next to the Gods'.

CHAPTER XLI.

p. 41. 2 § 1. *magnifice*] boastfully, cf. IX. 41. 7 *magnifice de se et contemptim de Romanis loquentes.*

3 *ipsum*] 'while I myself', 40. 4.

8 § 2. *minorem molem belli*] 'a less onerous war': for *moles* cf. 27. 5.

10 § 3. *ad famam*] 'at the report'. 61. 4 *ad famam novorum hostium*. But in 27. 4 *vixdum satis credens Hannibalem superasse Pyrenaeos montes.*

12 § 4. *qua parte*] i.e. *equitatu*, suggested by *equestri proelio.*

15 *regressus*] C. M. *neque regressus*, which induced some to add *erat*. It has been pointed out however that *neque* arose from a correction
nequi
non poteram. Wölfflin reads *nequieram*.

quanta maxime potui] Madvig reads *quanta maxima*=*quam maxima*, which is more usual. Livy however does use the other also.

16 *tanto...circuitu*] this qualifies *celeritate*, 'considering the long round I had to make'.

17 *timendo*] ironical, as appears from *fugientium* above.

§ 5. *cum declinarem certamen*] 'while desirous not to engage': the clause belongs only to *improvidus incidisse.*

18 *inprovidus*] C. M. *improvisus*: but this means 'unexpected' i.e. by another; while 'unexpectedly to myself' 'unwittingly' is the meaning required.

occurrere in vestigiis] a peculiar variation of the ordinary *instare vestigiis* = 'to follow close on the enemy's heels'. But Scipio's position was peculiar. On the one hand he had pursued Hannibal from Spain to Italy, on the other he was going to meet him instead of coming up with him from behind. It means to go to meet him while following in his track. 'To dog his footsteps and confront him'.

19 *ac*] as in 40. 11.

20 § 6. *per*] 'in the course of'.

21 *viginti*] really 24.

Aegatis insulas...Eryce] referred to together in 10. 7.

22 *duodevicenis denariis aestimatos*] the fact is not referred to elsewhere.

23 § 7. *aemulus...Herculis*] Hercules was supposed to have crossed the Alps after killing Geryones. Cornelius Nepos (*Hannibal* 3) says that Hannibal crossed the Alps *quas nemo unquam cum exercitu ante eum praeter Herculem Graium transierat, quo facto is hodie saltus Graius appellatur.*

24 *ut ipse fert*] 'as he boasts'; usually *prae se fert* in this sense.

vectigalis stipendiariusque] the former is used especially of those who paid amounts proportionate to the produce of the land, the latter, of those who paid a fixed amount. The distinction is not always observed. Thus the indemnity paid by the Carthaginians after the second Punic war (L. XXXIII. 47. 2) is called *vectigal.* Marquardt II. 278.

The two words linked by *que* form one idea='subject' to which another, 'slave', is linked by *et.* Cf. 12. 2 note.

The expression is not historically correct. Carthage did not pay taxes to Rome though that part of Sicily which she ceded in 241 did so, while at the death of Hamilcar, 229 B.C., she had ceased to pay even *stipendium*, as the indemnity imposed in 241 B.C. was to be paid in ten years.

26 § 8. *agitaret*] were he not maddened. The word is used especially of those who were tormented by the furies. Verg. *Aen.* III. 331 *scelerum furiis agitatus Orestes.*

30 § 9. *fremens*] 'chafing'.

p. 42. 1 § 10. *indignatione*] the idea in 1. 3 more rhetorically expressed.

3 § 11. *ultimo*] 'the extremest'. Again in 44. 4 *extremis cruciatibus.*

4 *humanorum*] *suppliciorum.*

8 § 12. *tutelae...nostrae duximus*] sc. *victos*, 'we regarded them as under our protection'. *tutelae* is a possessive genitive, like that in *suae dicionis facere.*

The circumstances referred to seem to be that during the war with the mercenaries Rome, though not till after Carthage had expostulated, forbade her subjects to send provisions etc. to the rebels, and allowed Hiero to assist her.

9 § **13**. *his inpertitis*] used substantivally, 'these boons'.

furiosum] in c. 10. 11 he is called *tamquam furiam facemque belli.*

12 § **14**. *de possessione...pro Italia*] Wölfflin remarks that *pugnare de aliqua re* is to fight to gain something, *pugnare pro aliqua re*, to fight to keep something you already possess.

15 § **15**. *obsistat*] Livy uses this in preference to *resistere.*

16 *obstandum*] 'we must make a stand'. There is less notion of active resistance, and more of opposing a solid immoveable obstacle, in *obstare* than in *obsistere.*

17 *Romana moenia*] more emphatic than *moenia Romae.*

19 § **16**. *domesticas...agitet curas*] 'think of his own affairs'.

20 *hoc*] accusative.

22 § **17**. *deinde*] hereafter.

Chapter XLII.

29 § **1**. *victor*] = *si vicisset*, 'in case of victory'.

30 *decertare*] 'to fight to the death'.

31 § **2**. *deiecta*] probably into a helmet. The helmet was then shaken, whereupon the man whose lot fell out was chosen (cf. *exciderat* below).

in id] 'for that purpose'.

sors] generic singular, 'the lots'.

32 § **3**. *cuiusque*] = *et cuius*. P. *et cuiusque*, for which Madvig reads *et ut cuiusque.*

p. 43. 2 § **4**. *ubi dimicarent*] the subjunctive is frequentative as in 4. 4; 35. 2 and 35. 4.

4 *spectantes vulgo*] 'the general mass of the spectators'.

5 *non...magis quam*] 'not so much as'.

Chapter XLIII.

7 § **1**. *sic*] with *adfectos*, 'in this temper'. So *ipsum aliter adfectum*, 41. 1.

paribus] used as a substantive, as *par nobile fratrum*, Hor. *S.* II. 3. 243, especially of pairs of gladiators,

gladiatorum dare centum
damnati populo paria, ib. 86.

11 § 2. *vicimus*] 'victory is ours'. An anticipatory perfect, like *Poeno cepisse se urbem si paulum adnitatur credente*, 8. 8.

14 § 3. *ac*] 'indeed'. Cf. 40. 10.

nescio an] 'I am inclined to think'.

maiores necessitates] 'a more desperate position'.

17 § 4. *habentis*] P. *habentibus*. If the latter is retained *claudunt*= *claudunt fugam*, and *habentibus* is dat. incommodi in agreement with *vobis*. But it can hardly stand.

circa] 'about you'. *Est* is to be supplied. One would have expected *a fronte* to correspond with *ab tergo* below. *circa* however often signifies not only 'all round', but more loosely, 'on more sides than one'. Cf. 25. 2 *circa Padum Placentiam Cremonamque colonias deductas*. The meaning is clear in the latter passage, for you cannot surround a river, and in the former, for a river cannot surround you. *circa* is thus stronger than *a fronte* would have been. The Po stopped Hannibal's march to the S., and to some extent also to the E., as it flows S.W. for some distance before its junction with the Tanaro.

Padus] a rhetorical repetition of a kind rare except in poetry.

18 *urgent*] 'pen', in the original sense of the word which is from the same root as εἴργειν. Verg. *A*. II. 534

vallis quam densis frondibus atrum
urget utrimque nemus.

22 *victoribus*] cf. 42. 1.

23 § 5. *optare*] to pray for. Juv. X. 189 *hoc recto vultu, hoc et pallidus optas.*

25 § 6. *satis tamen ampla*] *tamen satis ampla*. *pretia*=*praemia*.

essent] the subject is *Sicilia ac Sardinia*.

28 § 7. *in hanc mercedem*] *in* with the acc. may denote purpose, cf. *in id* 42. 2, with a view 'to gain this prize'.

agite dum] plural, parallel to *agedum*. The latter is however sometimes used by Livy as if it were a mere interjection, as it occurs with a plural verb, and even with a verb in the third person. VII. 9 *procedat agedum ad pugnam.*

30 § 8. *consectando nullum emolumentum...vidistis*] The ablative of the gerund is an ablative of means, but in meaning it approximates rather to a mere present participle. In translation *consectando* would be represented by a main verb. 'Long enough have you chased...without seeing'.

p. 44. 1 § 9. *pretia*] *praemia* as in 6.

4 § 10. *emeritis stipendiis*] 'when your term of service is over'.

5 § 11. *Nec*]=*et ne*.

magni nominis] Wölfflin remarks that this takes the place of an adjective corresponding to μεγαλώνυμος which the Latins do not possess. XXXI. 8. 6 *novum et magni nominis bellum*. The war was *magni nominis* because it was '*bellum contra populum Romanum*'.

7 *edidit*] 'has fought', 29. 2.

8 *momento*] 'a slight effort'. The metaphor is however really from weighing, *momentum* being the impulse which suffices to turn the scale. Grk. ῥοπή. 4. 2.

9 § 12. *hoc uno fulgore*] 'just this glitter'.

conparandi] 'comparable'. See note on 19. 2.

§ 13. *viginti annorum*] 238—218 B.C.

10 *cum illa virtute* etc.] sc. *peractam*. For the omission, which is frequent in Livy, cf. 15. 6 *pugna ad Trebiam*.

illa] as often, 'well known'.

11 *Herculis columnis*] Calpe (Gibraltar) in Spain and Abila in Africa.

13 § 14. *exercitu tirone*] 39. 3.

14 *caeso victo circumsesso*] at first sight there appears to be an anticlimax, like "I die, I faint, I fail", but the arrangement of the words simply corresponds with the order of the events referred to. c. 25. 9 Manlius first suffers loss, *multaque cum caede suorum...emersit:* then defeat, 12 *sex signa ademere:* lastly he is blockaded, 14 *se munimento ad tempus tutabantur*.

17 § 15. *eductum*] 'reared'.

19 *semenstri*] Scipio had entered on his office on the 15th of March. It was now the beginning of November.

24 § 17. *ediderim facinus*] 'performed a feat'. Cf. 11 *edidit certamen*, fought a fight.

cui non referre possim] 'to whom I could not repeat'.

25 *notata temporibus locisque*] distinguished by date and scene, 'specifying time and place'.

26 *decora*] distinguished acts, exploits. Also used of military distinctions.

27 § 18. *prius quam*]=*potius quam*.

28 *ignotos inter se*] *inter se* has here the force of *alii alium*. *Ignorantesque* is really pleonastic, 'who neither know nor are known by each other'.

CHAPTER XLIV.

30 § 1. *generosissimarum gentium*] this is in reference to the Numidians.

31 *frenatos*] 'furnished with bridles'; *frenata acies*, Silius, *Pun.* II. 266, =the cavalry.

infrenatos] this is an adjective and means the opposite of *frenatos*. The word is not found used thus elsewhere. In XXXVII. 20. 4 it is the participle of *infreno*=*frenatos*.

p. 45. 1 § 2. *ob iram*] we say, 'in anger'. 2. 6.

5 § 3. *inferentis...arcentis*] notice the substantival use of the participle. So 2. 6 *ridentis speciem*; 30, 8 *migrantium modo*; 35. 4 *ducentium fraus*.

7 § 4. *indignitas*] 'indignation', an unusual sense of the word.

8 *primum...deinde*] 'in the first place me...in the next all such of you', etc. This is an exaggeration as in 30. 3, note.

oppugnassetis] the subjunctive because an infinitive is implied in *depoposcerunt*=*censebant eos e vobis qui oppugnassetis dedendos esse*.

9 *deditos*]=*se dediti essetis*.

ultimis] 'extremest', as in 41. 11.

§ 5. *crudelissima ac superbissima gens*] we should say, 'cruellest and haughtiest of nations'.

11 *cum quibus pacem habeamus*] 'with whom we are to be at peace'. Not 'with whom we are having peace'. Cf. 36. 4 *circumduceret*.

13 *quos non excedamus*] 'which we are not to transgress'. These are really instances of the jussive force of the subjunctive. It appears (1) in direct commands, *facias* or *ne facias*, you ought or ought not to do; (2) as here, in indirect questions, *praescribe quid faciam, quid non faciam*, tell me what I am to do, or not to do.

§ 6. To illustrate what he has just said of the Roman people Hannibal represents an imaginary dialogue taking place between it and himself.

15 *at non ad Hiberum est Saguntum*] Hannibal's rejoinder. P. *Ad Hiberum est Saguntum*. The only way to get any meaning out of this is to put a note of interrogation after it and render 'Is Saguntum even on the Iberus?' i.e. is it not well this side of the Iberus instead of beyond it? this interpretation is rather forced. With Madvig's insertion of *at non*, adopted in the text, and without a note of interrogation the words give the same meaning more naturally. If however Livy was really ignorant of the position of Saguntum, as might be inferred from *mediis* in 2. 7, then the MS. reading would stand. Krauss reads *At Liberum est Saguntum*. Cf. 2. 7 *ut Saguntinis mediis inter duorum populorum fines libertas servaretur*.

16 *vestigio*] 'from where you are standing'; cf. 35. 12 *possent nec haerere adfixi vestigio suo*, i.e. to remain where they were.

18 § 7. *adimis*] the speaker in his excitement uses the present It is unnecessary to read *ademisti.*

etiam in Hispanias] *in* is inserted by Madvig. The use of the plural is rather an anachronism. Spain was not yet divided into Hispania *citerior* and *ulterior.*

19 *transcendes autem*] *autem* is often used in this way when the speaker repeats in a tone of interrogation an expression which he thinks unsatis factory, and for which he proceeds to substitute one which appears to him more suitable; e.g. Cic. *ad Fam.* I. 9. 10 *inimicum meum—meum autem? immo vero legum, iudiciorum, patriae.* Here of course it is not the verb but the tense which is objected to.

transcendisse dico] at this point the speaker leaves his imagined interlocutor, and addresses his audience more directly. The subject of *transcendisse* is not *te* but the same as that of *miserunt.*

21 *in Hispaniam*] they had however only intended to do so; cf. 17. 1 *Cornelio Hispania, Sempronio Africa cum Sicilia evenit;* ib. 6 *Sempronius ita in Africam transmissurus si ad arcendum Italia Poenum consul alter satis esset.*

Cornelius Scipio did not join his brother in Spain till the following year when he was proconsul.

22 *vindicarimus*] fut. perf. P. *vindicaremus,* which will not stand.

23 § 8. *qui respectum habent*] *respectus* in its literal sense, who have something to 'look to' in case of defeat, 'something to fall back upon'. In IX. 33. 12 *nos omnium rerum respectum praeterquam victoriae nobis abscidamus,* one would render it 'the thought'.

25 *omnibus...abruptis*] the metaphor in *abruptis* seems to be from the breaking down of paths. Tac. *H.* III. 63 *abrupta undique spe.*

26 *certa*] despair is decided because it has no choice. One might render the passage 'abandoning with the resolution of despair all possibilities but life and death'.

27 *dubitabit*] 'hesitate', it is a euphemism for *inclinabit ad hostes.*

28 § 9. *fixum...destinatum*] *destinare animo* = to determine in one's mind. So, but with a stronger meaning, XXXII. 29. 7 *obstinaverant animis.* Cf. Verg. *A.* IV. 15 *Si mihi non animo fixum inmotumque maneret.*

29 *vicistis*] a repetition of *vicimus* at the beginning of the speech, 43. 2.

The difference of tone which marks these two speeches made to the two armies on approaching each other for the first time is intended to be indicative of the final result of the struggle.

Scipio's speech is full of confidence. He apologizes to his men for finding it necessary to address them at all. He points out the weakness of the Carthaginians. He refutes by reference to his own conduct the imputation that he feels fear himself. Only at the end of his speech does he remind the army of the importance of the issue of the battle.

Hannibal's language on the contrary is anything but that of an invader. He tells his men that they must either conquer or die. This argument is emphasized more than the appeal to their hopes of booty. He feels that he has some fear in their minds to overcome. The Romans are not after all so formidable as they are reputed to be. In this particular case circumstances are against them. He rouses the indignation of his hearers by his account of the injustice, the tyranny of the Romans, and ends his speech by recurring to the argument with which he began it—there is no alternative between victory and death.

Chapter XLV.

32 § 1. *Romani*] the narrative is resumed from c. 39. There (39. 4) Hannibal is mentioned as being at the *urbs Taurinorum*, Scipio as landing at Pisae, and proceeding to Placentia. It seems that Scipio now marched along the left bank of the Po to the Ticinus.

ponte Ticinum iungunt] 47. 2 *ratibus quibus iunxerat flumen.*

p. 46. 1 *insuper*] also, 1. 5.

2 § 2. *Poenus*] Hannibal.

3 *Maharbalem*] we have heard of him before at the siege of Saguntum, 12. 1, note.

4 *sociorum*] what allies had the Romans in these parts? Possibly the Laevi, a Ligurian tribe dwelling about the Ticinus, v. 32. 5. They were not Gauls, as *sociorum* is opposed to *Galli.*

8 § 3. *Insubrium*] the word must include the dependents of the Insubres (e.g. the *Libui* 38. 7, note), for the Insubres proper lived E. of the Ticinus.

9 *Victumulis*] the situation of Victumulae is generally placed between Vercellae and Eporedia, or even further North. Livy then would make the engagement which follows take place much further North of the Po than Polybius, who says that the armies advanced to meet each other, παρὰ τὸν ποταμόν, parallel to the Po, III. 65. 1. The exact scene of the battle cannot be fixed. Mommsen probably indicates it, as nearly as it is possible to do, as 'in the plain between the Ticino and Sesia not far from Vercellae'.

§ 4. *certa praemia*] 'definite rewards'. He had spoken generally on the subject in his speech, 43. 6 and 9.

pronuntiat] offers'.

in quorum spem] *in* with the acc. may express purpose. *in spem*, with a view to the hope—or rather the realization of the hope—of these rewards. We should say 'in the hope'. 43. 7 *in hanc mercedem... arma capite.*

15 § 5. *inmunem*] 'tax free'; *ipsi*, dat. commodi, to be taken with *inmunem*.

16 *maluisset...vellent...mallent*] the tense is altered for variety. The imperf. or pluperf. subj. would do equally well in each case.

19 § 6. *secum*] = *sua*. Cf. 4. 8 *vestitus nihil inter aequales excellens*, i.e. among that of his companions.

20 § 7. *prosecutis*] = *qui prosecuti essent*. Cf. *deditos*, 44. 5.

23 § 8. *silicem*] a flint knife, such as were used especially in sacrifice. I. 24. 8 *porcum saxo silice percussit.*

si falleret] this is conditional on *se mactarent*.

25 *secundum*] temporal, 'immediately after'.

26 § 9. *velut dis in spem suam quisque acceptis*] 'as if they had, each one, received the surety of the gods for the ratification of their hopes'. *quisque* is inserted in apposition to the logical subject of the clause (for *velut diis...acceptis* = *velut si deos accepissent*) to specify something about it, though grammatically the construction does not admit of the insertion.

Such insertions are characteristic of Livy's style. They occur both with the ablative absolute, as IV. 44. 10 *causa ipse pro se dicta damnatur;* and with ablatives of the gerund, XXV. 23. 11 *aestimando ipse secum.* In most cases *quisque* and *ipse* are thus inserted, but also *solus*, *plerique*, and words of number. Cases are even found like the following: XLI. 23. 11 *oratione adveniens de Manlio et Iunio habita.*

27 *id morae, quod nondum pugnarent, ad potienda sperata rati*] *id* is restrictive = *id tantum*. *morae* is a predicative dative = *morae esse*. *morae* (*esse*) should be taken with *ad potienda sperata*. Cf. 5. 12 *id morari victoriam quod amnis interesset*, where *id morari victoriam* corresponds to *id morae* (*esse*) *ad potienda sperata*. 'That the realisation of their hopes was only delayed by their not fighting'.

CHAPTER XLVI.

29 § 1. *super*] = *praeter*.

prodigiis] they are not mentioned by Polybius. Like the account of Hannibal's dream, 22. 5, they are probably due to Coelius Antipater.

31 § 2. *obviis*]=*quicunque obvii erant.*

p. 47. 2 § 3. *procuratis*] 'expiated'. *procurare* is used regularly of measures taken to avert the fulfilment of evil omens.

5 *et ipsi*] 'also', 23. 5, etc.

6 *circa loca*]=*loca quae circa erant.* Cf. 7. 5 *cetera circa.*

7 § 4. *densior oriens pulvis*] *densior* is here best rendered as an adverb. So 31. 7 *cum peropportuna disceptatio reiecta esset.*

9 *consistit...expediebant*] the single action is distinguished from the continued, as by *cernebant...fuit. sese expediebant* sc. *milites.*

11 § 5. *sociorumque quod roboris fuit*] 'the heavy cavalry of the allies', lit. the strongest part of the allies.

in subsidiis] with reference to the *iaculatores* and *Galli.* There were no other troops engaged.

12 *frenatos*] the Spanish cavalry, as opposed to *Numidis*, the *infrenatos equites* of 44. 1.

13 *firmat*] there were no other troops on the two wings besides the Numidians. Consequently the meaning is 'he formed the wings of strong bodies of Numidians'.

14 § 6. *fugerunt inter subsidia ad secundam aciem*] *ad secundam aciem* is added explanatorily; the *subsidia* and the *secunda acies* were the same, 'took refuge among the reserves in the second line'.

Polybius says διὰ τῶν διαστημάτων ὑπὸ τὰς παρ' αὐτῶν ἴλας, i.e. the rear of their own companies, III. 65. 7.

15 *quia...vidissent*] the meaning would have been clearer had the clauses been arranged thus: *multis labentibus...quia turbabant, aut desilientibus cum vidissent.*

16 *pedites intermixti*] the same as *iaculatores* above. Polybius says that the foot-soldiers had retreated to the rear of the cavalry, and were there routed by the Numidian horse; consequently he does not give this motive for the dismounting of the cavalry. He represents that they did so purposely (καταβαινόντων), as was occasionally done.

17 *ubi vidissent*] frequentative 4. 4 note.

18 *ad pedes...venerat*] 'had come to be a fight on foot'.

donec] not closely attached to *venerat*, but rather to some such thought as 'and lasted', which may be supplied after *venerat.*

20 § 7. *is pavor*] 'terror at this'. *quo metu*, 5. 4.

21 *periculumque...propulsatum*] not of course, 'the repelling of the danger' as *Sicilia Sardiniaque amissae*, 1. 5. Rather does the participle represent an adversative clause, 'which however was repelled'.

pubescentis] he was 17. In 211 B.C., when 24, he was entrusted with the chief command in Spain.

22 § 8. *hic erit iuvenis*] P. M. the future implies 'this, as we shall hereafter see, was the young man to whom belongs', etc. Florus, referring to the same incident, has *hic erit Scipio qui in exitium Africae crescit*, I. 22. 11.

25 § 9. *iaculatorum maxume*] 'especially on the part of the dartmen'.

26 *alius ..equitatus*] lit. another body of cavalry, 'others of the cavalry'. *Iaculatorum maxume* implies that some of the cavalry took to flight.

29 § 10. *Coelius*] 38. 6 This is strange, for Coelius dedicated his book to Laelius the friend of Scipio, and Laelius declared, Pol. X. 3, that Scipio rescued his father.

31 *obtinuit*] does not govern *quod* as *tradidere* does, but is intransitive (like λόγος κατέχει), 'has generally prevailed': *ita esse* or something of the kind must be supplied.

CHAPTER XLVII.

p. 48. 4 § 1. *Romanis*] dat. commodi governed by *aptos*.

6 § 2. *vasa*] 'baggage'.

ab Ticino] the recrossing of the Ticinus is not expressly mentioned, though the Romans had advanced some distance W. of it before the last engagement, 45. 3.

8 *iunxerat*] the subject is *Scipio*.

9 § 3. *prius quam satis sciret*] 'before Hannibal was well aware': *satis* here in its stronger meaning, as the clause is virtually negative, 11. 6, note. There is no idea of expectation in *sciret*. Livy occasionally uses the imperf. subjunctive in cases like this where Cicero would use the perf. indicative; so *priusquam certa huius cladis fama accideret*, 61. 1.

11 *moratorum*] prob. participle of *moror*, as 35. 2 *progressi morative*.

in citeriore ripa Padi] this would imply that Hannibal followed the Romans all the way to Placentia, where the bridge over the Po was. From Polybius, III. 66. 3, it appears that Hannibal only advanced as far as the Ticinus (ἕως τοῦ πρώτου ποταμοῦ), that it was there that he found the bridge broken, but captured 600 men, and that, finding the Romans had got so far ahead, he turned back and marched up the N. bank of the Po in search of a suitable place to make a bridge over it. Polybius' account is certainly the more probable of the two.

14 § 4. *Magonem*] Hannibal's younger brother, 54. 1.

17 *in ordinem*] lit. 'so as to form a line'.

18 § 5. *fecerint*] the perf. subjunctive conveys suspicion of irony, 'will, I imagine, hardly appear credible': so *norint*, 38. 9.

20 *ut...travexerint*] the subjunctive with *ut* has here a concessive sense. Penelope writes to Ulysses, Ovid, *Her.* I. 116,

Protinus ut venias, facta videbor anus.

iam] heightens the value of the concession, 'even if we go so far as to suppose that they crossed on skins'.

omnes] as some of them under Hanno had crossed the Rhone, 27. 5.

23 § 6. *vix*] with *biduo:* thus *admodum* follows *mille* in 36. 2.

24 *rate*] a bridge of boats, Pol. III. 66. 6.

iungendo flumini] a dative of the work contemplated. *ea*] *rate.*

26 § 7. *circa flumen*] 'on the banks', so *circa Padum*, 25. 2.

28 *Placentiam ad hostes*] it appears from this and 47. 3 that Scipio was encamped close to Placentia, and on the E. bank of the Trebia. With this however the facts of the story can hardly be reconciled (see Appendix 2). It seems certain that the first camp of Scipio and the battle of Trebia are to be assigned to the left bank of the river. The less weight need be attached to the present statement that it does not find a counterpart in Polybius, but seems taken from Coelius Antipater. Polybius, III. 66. 9, *στρατοπεδεύσας περὶ πόλιν Πλακεντίαν*, need not imply that Scipio was on the E. bank of the river.

CHAPTER XLVIII.

p. 49. 4 § 2. *vigilibus*] Livy makes light of the incident. Polybius says πολλοὺς μὲν αὐτῶν ἀπέκτειναν, οὐκ ὀλίγους δὲ κατετραυμάτισαν.

6 *adlocutus et...accensos*] the words are linked as if they were grammatically parallel. Livy probably used this form of expression because *adloqui* being deponent has no passive.

10 § 3. *contactos*] the metaphor is from disease, 'infected'.

11 § 4. *gravis*] 'suffering'.

adhuc] Cicero, with hardly an exception, uses *adhuc* only of the present 'up till now', *etiam tum* of the past.

13 *iam*] with *altiora*, cf. 37. 5, note.

loca altiora] further defined by *collisque impeditiores equiti.*

14 § 5. *fefellit*] ἔλαθεν. This use of the word is not uncommon, cf. Hor. *Ep.* I. 17. 10

nec vixit male qui natus moriensque fefellit.

16 *utique*] with *novissimum agmen*, 'at any rate the rear'.

17 *devertissent*] intransitive. Livy is freer in the use of transitive verbs in an intransitive sense than the prose writers who preceded him, e.g. *transmissurus*, 17. 6; *colunt*, 26. 6.

18 § 6. *nullo satis digno morae pretio*] *morae* depends on *pretio*, *satis digno* should be rendered absolutely, 'adequate'. *dignus* with the genitive (nowhere a common usage) does not appear to occur in Livy.

19 *emissus*] the change of nominative is unusual, *Numidae* being the subject both of *terunt* and *occiderunt*.

20 *transgressos Trebiam*] i.e. from the W. to the E. (right) bank, and higher up the stream. Previously Scipio had been encamped on the W. bank: see note on 47. 7.

21 *moratorum*] probably a participle as in 47. 3 *sexcentis moratorum*.

22 § 7. *iactati*] 'irritated', from travelling over the rough ground. *colles impeditiores*, 4.

23 *iam enim et*]=*iam etiam* (which does not occur, *etiam* being avoided after *iam*) 'even as soon as this'. The expression is used to justify the allusion to an event which has not been mentioned in the narrative. The recall of Sempronius is mentioned in the account of affairs in Sicily which follows, 51. 5.

24 *locum, qui prope flumen tutissimus...est visus, delectum*] we should translate this 'He chose the place on the river bank which appeared the safest', on the same principle that we should translate *amicum quem habebat optimum*, 'the best friend he had'.

29 *Clastidium*] Casteggio to the S. of the Po and some distance W. of the Trebia. It was an important place as situated on the road along the Po between Dertona and Placentia, and had been fortified by the Romans in the Gaulish war of 226 B.C. Its capture by Hannibal seems connected with the retreat of Scipio E. of the Trebia.

30 *numerum*] 'quantity'. *Numerus*, properly used with the number of measures or units of the thing estimated, sometimes occurs with the genitive of the thing itself, e.g. *numerus vini, argenti*.

§ 9. *pararent*] sc. *Hannibalis milites*.

31 *nec sane*]=*sane non*; cf. 2. 4 *haud sane voluntate principum*.

nummis aureis] Livy gives the amount in the coins in use at his own time. There was no gold coinage in Spain, Africa and Italy in 218. Gold was first coined at Rome in B.C. 217, but only in small quantities until the time of Sulla, Pompey and Caesar.

The *nummus aureus* (=25 denarii or 100 sesterces) was equal to about a guinea in our money (accurately £1 1*s.* 1½*d.*).

32 *Dasio Brundisino*] the Dasii were a large and influential family in Apulia which espoused the cause of Hannibal.

p. 50. 3 § **10.** *colligeretur*] so *benevolentiam colligere*, Cic. *Lael.* 17. A more common term for to 'win' in this sense is *conciliare;* cf. 60. 4 *conciliata benevolentiae fama.*

4 *nihil saevitum est*] this use of *nihil* as an accusative of respect or extent is common in Livy. XLII. 3 *Thebani nihil moti sunt.* Cf. *quid*= 'in what respect' in *quid conparandum erat*, 19. 2.

Chapter XLIX.

5 § **1.** *constitisset*] 'had come to a standstill'.

interim] refers further back than the time indicated in *constitisset.* The operations in Sicily during the whole of the year 218 B.C. are detailed.

6 *inminentes*] 'adjacent to'.

7 *Sempronio*] last mentioned 17. 6, where it was stated that he was despatched to Sicily, which was his province.

11 § **2.** *Liparas*] either the largest of the *Liparaeae insulae* or the town of the same name upon it. In either case *ad* might be omitted. Both island and town are generally called Lipara.

insulam Vulcani] Thermessa, one of the *Liparaeae insulae* between Lipara and Sicily.

tenuerunt] sc. *cursum*, a poetical phrase often used by Livy.

12 *fretum*] the straits of Messana. The ships had started from Lilybaeum along the north of Sicily to Italy, so the straits would be out of their course.

aestus] not simply the tide, but 'a heavy sea'; cf. *eadem tempestate*, 5.

§ **3.** *ad eas conspectas*] 'at the sight of them', cf. *ad famam*, 41. 3. *eas* refers only to the three ships last mentioned.

15 *erat...opperiens*] these words should be taken separately; they do not=*opperiebatur.* *Messanae erat* describes Hiero's whereabouts, *opperiens* what he was doing.

19 § **4.** *veteres socios*] the Greeks in the W. of Sicily who had been the allies of Carthage before 241 B.C.

20 *Lilybaei*] now Marsala, on the extreme W. of Sicily. No wonder the Carthaginians wished to recover it, as it had held out all through the first Punic war, and was only ceded in 241 B.C.

§ 5. *credere*] for the omission of *se* cf. 25. 7.

22 *Aegatis insulas*] off the W. coast of Sicily rather to the N. of Lilybaeum.

23 § 6. *Aemilio...provincia*] Sicily had been assigned as a province to Sempronius the consul (17. 1): as however it was expected that he would cross over into Africa (17. 6) it had been thought necessary to appoint the praetor Aemilius conjointly with him to the charge of the island.

25 § 7. *legati tribunique*] *legati* were men chosen by a commander with the sanction of the state, to assist him. Three is the smallest number we hear of as attached to one general. Pompey when in Asia during the Mithridatic war had 15. Often a *legatus* was deputed to take charge of an army (usu. a legion), whence *legatus* may often be rendered 'general'; here 'deputies'. *tribuni* (*militares*), the regular officers of the legion, six in number.

26 *ad curam intendere*] 'urged them to vigilance'. *intendere* has two meanings (1) to strain, (2) to direct towards. Here they are combined. It is more often used with an accusative of the thing—e.g. *intendere ingenium*, to exert one's powers, *intendere animum ad aliquid*, to direct one's mind to a thing—than of the person. Cf. however XXIV. 37. 3 *intenderant eum ad cavendi curam tot auditae proditiones.*

intendere] a historic infinitive, as are also *teneri* and *dimitti*. The whole sentence is very corrupt. *intendere et* is a correction of *intenderent*, P. Madvig reads *qui...intenderent*. *dimitti* is read for the corrupt *simili*, P.

27 *apparatu belli teneri*] 'was busied with warlike preparations'. It is an unusual meaning of the word, and Madvig suggests *strepere* instead of it. W. explains 'was secured by means of munitions of war.' *apparatu*, concrete, abl. means.

socii navales] the seamen, as opposed to *classici*, the marines. They were so called because originally, the fleet being of small account, only allies were employed in this capacity.

28 *cocta*] 'baked': the rations consisted of meal.

§ 8. *ut ne*] P. *et...ne*, but it would have been absurd to make a proclamation that the men were to obey orders. The pleonasm *ut...ne* is common in Cicero and occurs in Livy, but in the instances which occur in the latter *ut...ne* are not separated by any intervening words.

29 *faceret*] the subject is *ne quid.*

p. 51. 6 § 10. *in...portarum stationibus*] 'in their posts at the gates'.

8 § **11**. *haud cum inparatis*] *haud* with *inparatis*, as XXVII. 44. 9 *haud cum ignoto duce*.

9 *demendis*] taking down the masts and sails, clearing for action in fact.

13 § **13**. *memoria...gestarum rerum*] Catulus' victory at the *Aegates insulae*, which brought the first Punic war to a close in 241 B.C.

Chapter L.

15 § **1**. *conserere pugnam*] 'to come to close quarters'.

21 § **3**. *sicubi conserta navis esset*] 'whenever a ship was engaged': *conserta* is on the analogy of *manum conserere*, but there is an allusion to the bridges of Duilius, by which ships engaged were made fast to each other: for the subjunctive of repeated action cf. 35. 2 and 4.

29 § **6**. *reduce*] in prose *redux* is elsewhere used only of persons.

30 § **7**. *gnaris...qui Messanae erant*] sc. *iis*. Hiero and his attendants are meant, cf. 49. 3.

32 § **8**. *ornatam armatamque*] 'equipped and armed'; the first word refers to the equipment in general, the second to the armament.

p. 52. 1 *praetoriam navem*] the commander's ship, and so the admiral's ship, as *praetorium* = the commander's tent, and so the general's tent. *praetor* (= *prae-itor*, he who leads the way to battle) was the earliest title of the commander of the Roman army.

6 § **9**. *iuvenis*] Hiero had joined the Romans in the second year of the first Punic war, 263 B.C. He was then 40.

9 § **10**. *civitatibus...volentibus...fore*] an imitation of the Greek construction ταῦτά μοι βουλομένῳ ἐστίν. It occurs twice in Sallust, often in Tacitus, but not again in Livy, though I. 54. 9 *patuit quibusdam volentibus fuga* is somewhat similar. Indeed *quibusdam volentibus may* be the abl. absolute here. It would be clearer that *volentibus* was the dative if *volentibus fore* occurred together.

10 § **11**. *nihil cunctandum*] so *nihil saevitum*, 48. 10.

quin] so *non differre quin*, *nullam moram facere quin* are found in Livy: we should render it 'in setting out'.

11 *profecti*] the plural because the crews of the fleet are thought of.

12 *pugnatum*] the infinitive.

Chapter LI.

13 § **1**. *a Lilybaeo*] so *ab Roma*, 9. 3; *ab Carthagine*, 16. 1.

14 *praetore*] Aemilius, 49. 6.

18 *Melitam*] Malta; the island had not been surrendered in 241, like the other islands round Sicily.

19 § 2. *traditur*] middle, 'surrenders'.

20 *a consule*] the ablative of the agent is used as *venierunt* is passive in meaning.

22 *sub corona venierunt*] 'were sold by auction', because slaves thus sold had a garland placed upon their heads. Aul. Gell. VII. 4.

23 § 3. *insulas Vulcani*] the Lipari islands. The whole group is here called after the *insula Vulcani* (Thermessa) c. 49. 2, just as it was sometimes called *Liparae* or *Liparaeae* after the island of *Lipara*.

24 *Punicam classem*] the 17 ships remaining out of the 20 which had originally started to ravage the coast of Italy, c. 49. 2.

25 § 4. *iam forte*] the emphasis is on *iam*, 'they had already as it happened gone across'.

26 *Vibonienst*] the territory of Vibo or Valentia in W. Bruttium.

urbem] the city of Vibo as opposed to the country.

28 § 5. *litterae ab senatu de transitu...et ut...ferret...missae*] despatches sent to tell him of the passage, and to urge him, etc.

29 *primo quoque tempore*] 'the very first opportunity'. So XLII. 10. 15 *Latinis feriis in primam quamque diem indictis*.

32 § 6. *mari supero*] the Adriatic. Polybius, III. 61. 10, says that Sempronius only sent the men belonging to the fleet by sea, and ordered the land forces to find their way to Ariminum by land, binding them by oath to appear by a certain day. Livy's account is the more probable, for Sempronius had 160 ships (c. 17. 6) at his disposal.

p. 53. 3 *explevit*] made up a fleet of 50 ships, i.e. made up his fleet to 50 ships.

4 § 7. *legens*] 'coasting along'.

6 *conlegae coniungitur*] according to the view taken above (48. 4) Scipio had now removed to the E. bank of the Trebia. Thus only can we understand how Sempronius advancing from Ariminum joined his colleague without opposition from Hannibal.

CHAPTER LII.

7 § 1. *consules et quidquid Romanarum virium erat...oppositum... satis declarabat*] 'the fact that two consuls and all the Roman forces were opposed...shewed clearly'.

consules] sc. *oppositi*; for this use of the participle cf. c. 1. 5 etc.

Livy expresses in one sentence what we should express by two. 'Both consuls were now opposed...and it was clear.' For a similar compression cf. 34. 7 *in eos versa peditum acies haud dubium fecit, quin, nisi firmata extrema agminis fuissent, ingens in eo saltu accipienda clades fuerit*, and 8. 5.

8 *aut...aut*] we should express the meaning here by a conditional sentence rather than by an alternative; 'that if these forces could not defend the Roman Empire no other hope remained'.

12 § **2**. *minutus*] 'brought low', 'wasted'. The expression is a doubtful one. *animus minuitur, non homo* says Madvig (though Horace has *Tithonum minuit senectus*), and suggests *admonitus* on the strength of *et minutus*, *eminutus* of the MSS. Müller, *animi minutus*, on the analogy of *animi incertus*, I. 7. 6.

recentis animi alter] cf. 1. 5 *ingentis spiritus virum*.

14 § **3**. *quod inter Trebiam Padumque agri est*] sc. on the W. bank of the Po. Cf. 48. 4, note. Only to the W. of the Trebia could the Trebia and Po be said to enclose ground, though no great stress can be laid on this argument. Polybius mentions the Gauls who lived μέταξυ τοῦ Πάδου καὶ τοῦ Τρεβία ποταμοῦ in connection with the capture of Clastidium, which was W. of the Trebia, III. 69. 5.

15 *incolebant...spectantes*] a more ordinary form of sentence would be *qui incolebant...spectabant*. The arrangement is doubtless due to the desire to avoid a double relative clause.

16 *per ambiguum favorem*] 'while favouring either party indifferently'. *per* expresses the manner or circumstances here rather than the means, which latter meaning would hardly suit *spectantes*. Cf. such expressions as *per iocum atque vinum*, 'while wine and jest went round'. 63. 4 *res per summam contentionem acta*.

17 *spectantes*] looking to, hence 'aiming at'.

§ **4**. *modo ne quid moverent*] 'provided they (the Gauls) took no action'.

18 *ab Gallis accitum*] with reference to the mission of the Boian envoys and Magalus, 29. 6.

19 § **5**. *eam iram*]=*eius rei iram*. Cf. 5. 4 *quo metu*: for *ob* cf. 2. 6 *ob iram interfecti domini*.

21 *Numidas...Gallos*] refer only to *equites*.

22 *deinceps*] 'in succession'. The combination of *deinceps* with a singular is peculiar, but *agrum* being collective is equivalent to a plural. The meaning is 'all the districts in succession', or 'all the country, district by district'.

23 § **6**. *ad id*]=*adhuc*. *ab* with *declinant* not with *coacti*.

24 *vindices futuros*] 'those who were likely to avenge them'.

15 *auxilium...terrae...orant*] 'ask the help of the Romans for their lands'. The construction is not very common.

18 § **7**. *infida facinora*] 'deeds of treachery'. *facinus* (*facio*) has not necessarily any bad meaning by itself.

19 *ut alia...obsolevissent*] *ut* with subj. has a concessive sense here, as in c. 47. 5, 'even if other acts had been forgotten from the lapse of time'.

p. 54. 1 *Boiorum perfidiam*] with reference to the rising in the spring of this year, 25. 2, and especially their attack on the Roman ambassadors, 25. 7.

§ **8**. *continendis...sociis*] 'for keeping allies to their allegiance', a dative of work contemplated.

2 *maximum vinculum*] 'the strongest bond', so 43. 3 *maiora vincula.*

primos, qui eguissent ope, defensos] 'the defence of the first who needed aid': see note on 1. 5. Cf. *oppositum*, 1, in this chapter.

5 § **9**. *trans Trebiam*] from the E. to the W. bank.

§ **10**. *sparsos*] sc. *hostes; ad hoc* adds something of greater weight than what has preceded, 'to boot'.

8 *fecere...restituere*] the subject to both is the Roman troops. They first pursued the Carthaginians to their camp, then, a sally being made from the camp, they were forced to retire, then, being reinforced (*subsidio suorum*), they rallied.

12 § **11**. *penes*] cf. 46. 8 *penes quem perfecti huiusce belli laus est.*

CHAPTER LIII.

13 § **1**. *iustior*] i.e. *victoria*, 'more complete'; cf. *iusta acies*, a regular battle. It was a 'regular victory', not a mere surprise.

15 § **2**. *vicisse*] governed by *gaudio efferri*, as it might have been by *gaudere*.

20 *senescendum*] 'to sink into feebleness', a metaphor from the loss of energy attending old age, of frequent occurrence in Livy. We find *senescere otio*, XXV. 7. 11; *fama ac viribus*, XXIX. 2. fin.; *pugna senescit*, V. 21. 7.

§ **3**. *pugnam differri aut teri tempus*] *pugnam* is an insertion. Otherwise *tempus* must have the sense of καιρὸς with *differri*.

aut] negative interrogative sentences are linked by disjunctive particles in Latin, cf. I. 1. 7 *percunctatum...unde aut quo casu profecti...existent*, 'whence *and* why'.

22 § **4**. *ac prope in conspectu*] 'and indeed'. 16. 6 *bellum gerendum in Italia ac pro moenibus Romanis esse.*

24 *cis Hiberum*] i.e. on the Roman side of the Ebro; all on the further side belonged to Carthage already.

26 § **5.** *circa moenia Carthaginis*] an exaggeration. Only the army of Regulus had landed in Africa and approached the walls of Carthage (257 B.C.), and this had speedily been defeated.

27 *nos...Poenum*] in Greek, ἡμεῖς μὲν...τοὺς δὲ Καρχηδονίους. See note on 5. 14.

31 § **6.** *in praetorio*] in rather a more extended sense than that of the general's tent, 'at head-quarters'.

prope contionabundus] 'almost as though he had been giving a regular harangue'.

agere] 'urged'.

32 *ne*] as though *timorem faciebat* had preceded. It is implied in *stimulabat*.

p. 55. 6 § **7.** *cum*]=*cum autem*.

7 § **8.** *percitum*] 'impetuous'.

9 *fortunam*]=*occasionem*, but in a stronger sense, 'the lucky moment'.

§ **9.** *cuius*] *gerendae rei*.

ne quod praetermitteret tempus] this depends on *sollicitus intentusque erat*.

11 *dum...esset*] the subjunctive implies an idea of purpose, as in 8. 1 *obsidio fuit...dum vulnus ducis curaretur*. We should leave the connection to speak for itself and translate 'while the enemy was still inexperienced'. The Romans sometimes did the same, cf. 6 *dum aeger collega erat*.

15 § **11.** *certamen facere*] 'to bring about an engagement'. In a different sense from *edere* or *committere certamen*.

si cessaretur] 'if there were any hesitation'.

16 *tutiores*] with *ad ea exploranda*, 'who could be more safely employed to find out'.

17 *militabant*] not of course these identical *speculatores*. The subject is *Galli* generally, 'as there were Gauls serving on both sides'.

18 *Poenus*] Hannibal.

Chapter LIV.

19 § **1.** *rivus*] this stream must have flowed into the Trebia from the left bank. W. of the Trebia are several streams with deep sunk beds (Neumann, *Pun. Krieg.* 314). That occupied by Mago cannot be identified.

20 *circa*] 'on either bank', cf. 25, 2; 47, 7.

22 *equites tegendo*] the dative of the gerund governing an accusative is generally only found in poetry.

23 *perlustravit*] this verb can hardly be used with an accusative with the infinitive. It must govern *locum* directly. 'When he had ridden round and examined this place which afforded sufficient cover, etc.'

24 *Magoni*] younger brother of Hannibal, 47. 4. Polybius describes him as ὄντα νέον μὲν, ὁρμῆς δὲ πλήρη καὶ παιδομαθῆ περὶ τὰ πολεμικά.

25 § **2**. *centenos*] 100 from each, horse and foot.

27 *corpora curare*] to refresh themselves.

praetorium] the council of war. With the Romans it consisted of the *legati*, *tribuni* and *praefecti*.

28 § **3**. *missum*] 'dissolved': *dimittere* is also used in this sense.

robora virorum] 'stout fellows'.

30 *turmis manipulisque*] the first refers to the cavalry, the second to the infantry. The terms used in the Roman army are employed in speaking of the Carthaginians.

p. 56. 4 § **4**. *iniecto certamine*] 'having caused an engagement'. *Inicere certamen* is also used with the dative, and *inter* with the acc. The meaning is the same as in such phrases as *inicere alicui curam*, to cause a person trouble.

5 *citra*] Hannibal's side of the river, i.e. the W. side.

9 § **6**. *ad tumultum*] cf. *ad famam* 41. 3, *ad eas conspectas* 49. 3.

11 *a destinato consilio*] *a*=in consequence of, 'as his purpose was already fixed'. Cf. XXII. 34. 2 *ab Q. Fabii opibus et dictatorio imperio concusso aliena invidia splendentem.* (Varro) 'who in consequence of the shock he had given to Fabius' influence...found in the unpopularity of another a certain distinction for himself'.

12 § **7**. *brumae*] here in its exact sense 'midwinter', the winter solstice. (*bruma*=*brevima*=*brevissima*) the shortest day. Pol. III. 72. 3 οὔσης δὲ τῆς ὥρας περὶ χειμερινὰς τροπάς.

forte] suits only *nivalis dies* and not *brumae tempus*.

14 *paludium*] gen. *paludum*.

§ **8**. *ad hoc*] besides, cf. 52. 10.

17 *quidquid aurae fluminis adpropinquabant*] 'with every step that they took towards the river air'. This would be more accurately expressed by *quanto propius...eo acrior*. Cf. XXXI. 1. 5 *iam provideo...quidquid progredior in vastiorem me altitudinem ac velut profundum invehi*: 31. 2 *quantum processisset minus obvium fore Romanum credens.*

acrior frigoris vis] *acrior* is best rendered by an adverb, like *densior* in 46. 4, 'the more keenly did the frosty air blow in their faces'. C. and B.

18 § 9. *ut vero*] introduces a climax, cf. 7. 10.

19 *erat*] may either be taken alone—'reached breast high', *aucta* containing an explanation of the fact; or with *aucta* as a pluperfect passive.

20 *tum*] this should properly refer to the same moment as *ut vero*, i.e. the moment of entering the river; but it is corrected by *utique egressis*, 'at any rate when they left it'.

Thus in translation the correspondence cannot be insisted upon.

21 *simul*] connects *rigere* and *deficere*, not *lassitudine* and *fame*.

CHAPTER LV.

25 § 1. *per otium*] quietly, cf. 52. 3, note.

28 § 2. *Baliares*] cf. 22. 2, note.

ante signa] i.e. before the main body. With the Romans whose arrangements Livy transfers to the Carthaginians the standards were borne at this time in each maniple (the legionary eagles were not yet in use).

29 *dein*] locally, 'next in order'.

graviorem armis] so *levium armis* 21. 11.

30 *quod virium* etc.] 'the strength and stay of his army'. *robur* implies the power of endurance.

in cornibus] 'on the wings', i.e. the cavalry formed the wings. So 46. 5 *cornua Numidis firmat*, note.

31 *circumfudit*] sc. *peditibus*, he posted on either side (for this sense of *circa* cf. 54. 1, etc.) of the infantry. We can only render *circumfudit* 'posted'; but the word is used with reference to the more rapid movements of the cavalry; cf. Tac. *Agricola* 35 *instinctos ruentesque ita disposuit ut peditum auxilia...mediam aciem firmarent, equitum tria millia cornibus affunderentur.*

ab cornibus] would generally mean 'on the wings', as *a tergo*=in the rear. But here it must mean from the wings outward, i.e. on the extremities of the wings, as it appears from 7, *elephanti eminentes ab extremis cornibus*, that the elephants were on the extreme left and right.

Polybius, III. 72. 9, says the elephants were stationed in front of the wings, τὰ θηρία μερίσας πρὸ τῶν κεράτων.

in utramque partem divisos] i.e. in two divisions, one for each wing.

p. 57. 2 § 3. *incauti*] 'unexpectedly'.

receptui] dative of work contemplated.

circumdedit] the force of *circum* is the same as in *circumfudit* in the preceding section.

3 *Romana*] instead of *Romanorum* or *Romani*. So several times in Livy, e.g. XXVIII. 2. 4 *quattuor milia scutata*.

socium nominis Latini] Latin allies. Those allies which had been admitted to the rights originally enjoyed by the members of the Latin League. The principal of these were *commercium* and *connubium* with the Romans.

4 *Cenomanorum*] The Cenomani lived about Brixia and Verona. They were friendly to the Romans in this, as in the preceding war, 25. 14, note.

7 § 5. *legiones*] Polybius' account of the battle is more simple than that of Livy, and the variations of the latter betray a Roman leaning. In Polybius the Carthaginian light-armed beat the Roman light-armed, the Numidians the Roman cavalry. Then both take the Roman infantry in flank while it is engaged with the Carthaginian infantry in front, and shortly after with the troops under Mago in the rear. Livy does not mention the victory of the Carthaginian over the Roman light-armed; he makes them yield to the Roman legions. Again he represents the Roman cavalry as exposed to a threefold attack from the cavalry, the light-armed and the elephants. His account of the conflict of the Roman infantry is similar to that of Polybius, except that he makes their final overthrow due to the rout of the Gaulish auxiliaries by the elephants, which the Romans themselves had successfully resisted.

8 § 6. *quae res effecit*] 'this manœuvre had the result'; how, is explained in the next sentence.

The light-armed troops had previously been in front of the whole line, 55. 2. Now by retiring to right and left they made room for the Carthaginian cavalry to attack, and also from this new position on the wings they could keep up a heavy fire on the Roman cavalry.

10 *integris plerisque*] the exception refers to the Numidian cavalry which had been already engaged, 54. 4; 55. 3.

11 *insuper*] in addition, as in 1. 5.

iaculorum] not accurate, as the Baliares were slingers. *Baliares* probably includes the *levis armatura*, 2.

12 § 7. *ad hoc*] 'besides', introducing a clause as in 54. 8.

eminentes ab extremis cornibus] 'projecting from the extreme flanks', cf. 55. 2.

13 *maxime*] with *equis*.

14 § 8. *pedestris pugna*] the Roman cavalry on the wings is now routed. Livy turns to the infantry engaged in the centre.

15 *quas...adtulerat*] a Latin not an English form of expression. We should merely say 'for the Carthaginians had come fresh to the battle'.

18 *animis*] 'by sheer courage', though their strength was exhausted.

19 § 9. *et...et...et*] the Roman infantry is now exposed to a threefold attack without counting the Carthaginian infantry with which it is primarily engaged.

20 *in mediam peditum aciem*] originally posted on the extreme left and right, they had routed the cavalry before penetrating to the centre of the infantry.

sese tulerant] poetical, gen. *sese inferre*.

24 § 10. *maxime*] with *adversus elephantos* rather than with *praeter spem*.

25 § 11. *velites*] the use of this word in describing the battle of Trebia is an anachronism. The *velites* were not constituted till 211 B.C. (Livy XXVI. 4. 4). Livy does not use this word in its strict sense here, for the *velites* formed a part of the legion, being 1200 in number out of 4200 in each case. These *velites* were probably some of the *levis armatura* which Polybius tells us fought against the Baliares at the beginning of the action, 5.

ad id] 27. 4 *ad id dati duces Galli*.

locati] this can only have been done on the spur of the moment, for it cannot have been foreseen that the elephants posted on the extreme wings would come to attack the centre.

27 *maxime*] with *molli cute*.

Chapter LVI.

28 § 1. *consternatos in*] 'driven in panic upon'. So 24. 2 *ad arma consternati*.

29 *ad sinistrum cornu*] explaining *ad extremam aciem*.

30 *extemplo haud dubiam*] Livy uses no rhetorical devices to account for the flight of the Gauls. It is made to serve as a further explanation of the rout of the Romans.

p. 58. 1 § 2. *in orbem*] lit. so as to form a circle, i.e. in a circle. So 47 4 *elephantis in ordinem ad sustinendum impetum fluminis oppositis*. We should render *in orbem* 'in square' rather than 'in a circle'. The formation was resorted to for the same purpose as that for which we form square, i.e. to present no side undefended to the enemy. Sallust, *Iug.* 97 *Romani veteres...orbes fecere atque ab omnibus partibus simul tecti et instructi vim sustentabant.*

6 § **3**. *satis*] in its strong sense, 'quite'; as the sentence is negative. Cf. 11. 7, note.

7 *Placentiam recto itinere*] the battle was fought on the W. bank (see Appendix 2). What happened was probably this. The Romans who cut their way out did not attempt to recross the river on the field of battle, as they would have had to make their way through the disorganised remains of their own army, and would besides have been exposed to the attacks of the enemy during the passage. It seems they pushed northwards and reached Placentia by a bridge over the Trebia near its confluence with the Po. Polybius does not mention the crossing at the bridge as there would be no difficulty about it, indeed it would probably be held by some of the garrison of Placentia. He merely says ἀπεχώρησαν εἰς πόλιν Πλακεντίαν, III. 74. 6. Livy's *recto itinere* is incompatible with the above statement, and if regarded as accurate would force us to believe that the battle was fought on the E. bank of the Trebia.

8 § **4**. *eruptiones*] 'attempts to break out'.

12 § **5**. *aliis*] this refers to the second subdivision of those *qui fuga sparsi erant*, as would have been clearer if *alii* had preceded *vestigia sequentes agminis.*

audaciam ingrediendi] cf. *cunctationem ingrediendi*, 4.

14 § **6**. *vis frigoris*] 54. 8.

homines] refers to the Carthaginians as they are associated with *elephanti*, and the fate of the Romans has been described.

18 § **8**. *nocte insequenti*] the following incident, from which it certainly appears that the Roman camp was on the W. and therefore that the battle was fought on the E. bank, is not mentioned by Polybius. Probably it is from Coelius, as its tendency is to record something to the credit of Scipio who had done nothing in the battle, and we know Coelius dedicated his work to Laelius, the friend of Scipio Africanus Minor. Coelius appears to have represented that the battle was fought on the E. bank. Cf. 47. 4, and 7, note.

CHAPTER LVII.

26 § 1. *Romam*] the word is placed in a prominent position to shew that the scene is shifted from the Trebia to the capital. So *in Italiam* 25. 1.

perlatus est] the verb would suit *nuntius* better than *terror*. The meaning is that the terror came with the news.

27 *iam*] with *venturum*.

p. 59. 2 § 2. *duobus consulibus*] 'but now that two had been beaten'. An adversative asyndeton.

7 § 3. *fallendi*] absolute, as in 48. 5 *minus quam ad Ticinum fefellit.*

8 § 4. *id quod...desiderabatur*] this refers to *comitiis consularibus habitis.*

10 *C. Flaminius*] he had been consul before in 232 B.C.

12 § 5. *hiberna*] these operations during the winter are not mentioned in Polybius, although perhaps omitted only as having little influence on the general course of the war. The tone of the account is favourable to the Romans. One depot is gallantly defended, the inhabitants of the other are treacherously massacred. Hannibal is wounded, a set off against Scipio's wound. He wins a victory, but only over a disorderly rabble. Probably Fabius, a patriotic writer, is the authority.

13 *ut quaeque inpeditiora*] wherever the ground was too difficult for them. *impeditiora*, sc. *loca*; neuter plurals are constantly used of localities in Livy, e.g. 35. 4 *per invia pleraque.*

14 *Celtiberis*] these would be more accustomed to rough ground than the plain-dwelling Numidians.

15 *clausi commeatus erant*] 'the supplies were cut off'.

16 *subveherent*] the subjunctive because the action is repeated. 'Except what they brought up from time to time', cf. 4. 7 *id quod gerendis rebus superesset quieti datum.*

§ 6. *emporium*] 'a depot'. Probably not a proper name. The Carthaginians anxious not to be burdensome to the Gauls attacked these depots, as Clastidium 48. 8, and Victumulae 9. The place here mentioned was probably the port of Placentia, App. *Hann.* 7 ἐπίνειον ἦν τι βραχὺ Πλακεντίας. Hannibal would wish to take this, as Placentia was supplied from the river.

opere magno] 'strong fortifications'.

19 *plurimum...ad effectum spei*] 'most of his hopes of success'. *ad*, lit. with a view to. *effectus*, sc. *eius incepti.*

20 *fefellit vigiles*] again as in 3, like λανθάνειν, but here with an accusative.

22 § 7. *sub lucem*] 'at day-break'. Accurately, just before or after. Cf. 2. 1 *sub recentem Romanam pacem.*

consul] Scipio. The return of Sempronius from Rome is not mentioned till 59. 2.

quadrato agmine] 'in battle array'. It is different however from *acies*. Cf. 5. 16, note.

23 § 8. *interim*] while the infantry was coming up.

24 *in quo*] with *saucius*, 'as Hannibal was wounded in it'.

27 § 9. *Victumulas*] 45. 3.

28 § 10. *Gallico bello*] the war 225—221 B.C.

inde] 'since then'.

29 *frequentaverant*] 'had flocked thither'.

mixti] with *adcolae* alone. They would be Gauls and Ligurians.

undique...populis] with *frequentaverant*.

30 *tum*] 'now', answering to *inde*.

p. 60. 1 § 12. *magis agmina quam acies*] 'while on the march and not in order of battle'. Cf. XXXIII. 9. 5 *phalanx quae venerat, agmen magis quam acies, aptiorque itineri quam pugnae, vixdum in iugum evaserat.* There is no notion of disorder in the words: that is added in *inconditam turbam.*

4 § 13. *praesidium*] a garrison, different from *praesidium* in 11.

7 § 14. *ulla clades*] any form of slaughter, 'any horror'.

8 *scribentibus*] = *rerum scriptoribus*, historians.

9 *adeo*] 'in fact', in confirmation of the statement just made. Cf. 11. 1, note.

omnis...crudelitatis...editum exemplum] sc. every kind of cruelty was practised upon them. The conduct of Hannibal as here related is inconsistent with the policy which he pursued with regard to the prisoners taken at Clastidium, 48. 10.

CHAPTER LVIII.

12 § 1. *haud longi temporis*] with *quies*, from which it is separated by a clause. 51. 9 *paucorum dierum quiete sumpta.*

dum] 'just while'.

13 § 2. *prima ac dubia signa*] we should omit the copula between the two adjectives.

15 *ducit*] without *exercitum*, as in 22. 5, and often.

16 *vi aut voluntate*] not fully expressed, for the force would be *his*, the will *theirs*.

7 § 3. *Appenninum*] this attempt of Hannibal's to cross the Appennines in the early spring is, like his attacks on the Roman depots during the winter, omitted by Polybius.

18 *Alpium foeditatem*] 'the terrors of the Alps'. Cf. *foeda visu*, 33. 8.

19 *superaverit*] *adorta est* having preceded, the ordinary sequence would be *superaret*. Cf. 2. 6 *eo fuit habitu oris ut...ridentis speciem praebuerit*, and note.

in ipsa ora] 'right in their faces'.

20 *primo*] notice the rhetorical gradation which is aimed at throughout this passage: *primo, dein, tum vero, tandem· constitere, consedere, torpere, procumberent: vento mixtus imber, ignes, accensa vis venti, nivosa grando.*

21 *vertice intorti*] 'twisted round by the whirlwind'.

22 § 4. *includeret*] lit. kept in, i.e. made respiration difficult. *intercludere animam* would mean to cut it off altogether, to stifle. XL. 24. 7 *iniectis tapetibus...spiritum intercluserunt.*

reciprocare] to breathe in and out, 'to fetch their breath'.

24 § 5. *ignes*] for *fulgura*, poetical.

capti auribus et oculis] 'deafened and blinded'. XXII. 2. 11 Hannibal *altero oculo capitur*. So *captus pedibus*, lame.

26 § 6. *accensa*] the application of the metaphor from fire to wind is remarkable, and cannot be reproduced in translation. 'Aggravated'.

28 § 7. *explicare...statuere*] the first word refers to the canvas, the second to the poles.

29 *statutum esset*] the subjunctive of repeated action, 57. 6.

30 *perscindente*] poetical.

31 § 8. *aqua*] moisture, i.e. mist.

32 *nivosae grandinis*] lit. hail full of snow=hail and snow. So *saxa glareosa* 31. 11, rocks and gravel.

p. 61. 2 § 9. *vis frigoris*] violent cold. So 37. 2 *vis venti*.

3 *strage*] in the original sense of the word, which has the same root as *sternere*, 'the prostrate mass'.

se attollere ac levare] 'to raise himself and get to his feet'. *se levare* is poetical. Verg. *A.* IV. 690 *ter sese attollens cubitoque innixa levavit.*

4 *nervis*] 'sinews'. *artus*, 'joints'.

6 § 10. *sese*] both with *agitando* and *movere*. *agitando* means, by shaking themselves and otherwise stirring their limbs.

movere...recipere] after *coeperunt* understood from *est coeptus*.

7 *quisque inops*] not closely connected. Each man, helpless himself.

tendere ad] usually *tendere manus*. 'Stretched after', i.e. 'sought to gain'.

opem inops] there is a play on the words, as in *tegminibus tecti*, 8. Cf. Hor. *C.* III. 16. 28 *magnas inter opes inops*.

10 § 11. *septem*] Livy's authority for the attempt to cross the Appennines is at variance with Polybius, who says that all the elephants but one died after the battle of Trebia.

CHAPTER LIX.

11 § 1. *Placentiam*] it is hard to see how there could have been time for this return to Placentia between Hannibal's first attempt to cross the Appennines, which took place *ad prima ac dubia signa veris* (58. 2), and his passage of them later when *iam ver adpetebat*, XXII. 1. 1.

12 *ad*] = *circiter*.

15 § 2. *redierat*] cf. 57. 4.

16 § 3. *atque*] 'and so': *tria* 'only three': that this is the meaning appears from the context.

19 *vincerent*] sc. *Romani* suggested by *res Romana*.

22 § 4. *media castra*] the centre of the camp, where, according to the Roman arrangement at least, there would be an open space.

signum ad erumpendum] so 25. 10 *spes ad temptanda ea*.

24 § 5. *postquam...erat*] the exact force of the words is 'when they found that there continued to be no hope', cf. 12. 4, note.

26 § 6. *accepit*] 'heard', from those commanding at the rampart of the camp. He of course being in the centre of it could see nothing.

laxatam] 'that the fight had slackened': used in a different sense 32. 12 *laxatas custodias*.

29 § 7. *raro magis ulla saeva*] for *raro ulla magis saeva*. *Saeva* is a doubtful insertion. MSS. *pugna raro magis ulla aeaut utriusque*.

31 § 8. *accensum*] properly, 'kindled', here = vigorously begun.

p. 62. 2 *eius*] neuter, 'of that', referring to the number of foot soldiers slain. So X. 18. 8 *ad tria milia hostium caesa erant dimidium fere eius captum*.

3 § 9. *quam pro*] 29. 3 *proelium atrocius quam pro numero pugnantium*, note.

4 *equestris ordinis*] what are meant are members of the 18 centuries of Knights according to the Servian constitution, *equites equo publico.* The position was honorary, as these *equites equo publico* had ceased to be the cavalry of the Roman army, and was generally held by sons of senators (cf. the next section) or persons of some distinction. The use of the term is incorrect. *Equester ordo* is ordinarily used of those of the citizens possessed of an income of 400,000 sesterces, and does not appear to have been applied to the latter till they were distinguished as a political body in the time of C. Gracchus.

tribuni] there were six of these to each legion.

5 § **10.** *secundum*] 'after'. 50. 7 *secundum hanc pugnam.*

6 *Lucam*] on the Auser (Serchio), half way between Pistoria and Pisae, the former of which towns was at the opening of the pass across the Appennines into Etruria, the latter on the road along the coast of Etruria. If Sempronius really went hither his object must have been to prevent Hannibal marching along the coast road against Rome. But this account is quite inconsistent with what follows. It appears from 63. 1 that the Roman army wintered at Placentia, cf. 63. 2 and 15. The march to Luca is not mentioned by any other authorities.

8 *intercepti*] *a Liguribus.*

CHAPTER LX.

12 § **1.** *dum haec* etc.] the narrative is now resumed from the despatch of Cn. Scipio from the Rhone to Spain, c. 32. 3. *haec* means not only the incidents of the winter warfare in Italy which have just been described, but all that has been narrated between the mention of Scipio's despatch and this point.

15 § **2.** *Emporias*] now Ampurias, situated in a bay just W. of the Spanish frontier. It was a Phocaean colony like Massilia, and like Massilia friendly to Rome. Livy generally uses the dative of names of towns after *navem adpellere.*

16 § **3.** *Laeetanis*] on the coast about Barcelona. The MSS. give *Lacetanos* which does not suit the context, as Lacetania was *subiecta Pyrenaeis montibus*, 23. 2.

omnem oram] next to the Laeetani lived the Cessetani, see note on 7.

18 *societatibus*] Appian, *Hann.* 7, mentions that Rome had been in alliance with other Greek communities in Spain besides Saguntum.

19 § **4.** *inde*] is probably local. 'The reputation there won'.

20 *ad*] is best taken with *valuit.*

mediterraneis] sc. *locis*. The neut. plural is used of localities as often before in this book, cf. 32. 9; 35. 4.

21 *iam*] with *ferociores*, the meaning is that the tribes became gradually wilder the further one receded from the sea. So 35. 2 *inde montani pauciores iam...concursabant*, 'in ever dwindling numbers'.

valuit] Pol. III. 76. 4 ἃς μὲν προσήγετο τὰς δὲ κατεστρέφετο τῶν πόλεων.

24 § 5. *cis*] from the point of view of the Romans, N. of the Ebro.

reliquerat] on his way to Italy, 23. 2.

25 *praesidium*] so in 23. 3 *ad praesidium obtinendae regionis*.

26 *priusquam alienarentur*] the subjunctive is regular, there being an idea of purpose or expectation. It is otherwise in 47. 3; 61. 1.

27 *eduxit*] sc. *exercitum*, so 39. 10 *priusquam educeret in aciem*.

§ 6. *Romano*] the Roman general.

p. 63. 2 *nec magni certaminis dimicatio fuit*] 'the battle did not involve a severe struggle'. XXXIV. 17. 3 *pedestre proelium nullius fere certaminis fuit*.

4 § 7. *dux...capiuntur*] so *Remo cum fratre Quirinus iura dabunt*. Verg. *A*. I. 292.

5 *Cissis*] Pol. Κίσσα, probably capital of the Cessetani who lived about Tarraco.

6 § 8. *rerum*] gen. of material. *parvi pretii*, gen. of quality.

supellex...mancipiorum] the construction is rather broken, *supellex* being in apposition to *praeda*, *mancipiorum* to *rerum*.

8 § 9. *eius...qui cum Hannibale*] Hannibal had left his baggage with Hanno. Pol. III. 35. 5 τὰς ἀποσκευὰς ἀπέλιπε τούτῳ τῶν αὐτῷ συνεξορμώντων.

9 *caris rebus*] 'valuables'.

10 *citra*] from the point of view of those who left them.

CHAPTER LXI.

12 § 1. *priusquam...accideret*] Livy and Tacitus occasionally use the subjunctive with *antequam* and *priusquam*, as with *donec* (until), of events in the past, e.g. 28. 10 *nihil...trepidabant, donec...agerentur*. Earlier writers would use the indicative. For *accideret* cf. 10. 12 *unde nec ad nos fama eius accidere possit*.

13 *Hasdrubal*] he had been left in charge of Spain. 22. 1 *Hasdrubali fratri viro impigro eam provinciam destinat*.

cum...mille equitum] *equitibus* would be more usual, as *mille* in the singular is generally used as an adjective. Occasionally indeed it is used as a substantive, but only in the nom. and acc., e.g. XXII. 37. 8 *misisse mille sagittariorum*. *equitum* is probably used here to correspond with *peditum*.

14 *ad primum adventum*] this means 'on the first arrival of the Romans'. So *iis* must be supplied after *occursurus*.

17 § 2. *Tarracone*] on the coast some 45 miles N.E. of the mouth of the Ebro. Like Emporiae further E. it was used by the Romans as a centre for their operations.

18 *classicos milites*] marines: *navales socios*, seamen, see note on 50. 3.

19 *quod ferme fit, ut secundae res neglegentiam creent*] lit. as usually happens, namely that success produces carelessness. The sentence is illogical, for *quod* refers to two clauses. One may render it 'with the carelessness so often born of success'.

Compare a somewhat similar explanatory addition in Thucydides, IV. 125 φοβηθέντες, ὅπερ φιλεῖ μεγάλα στρατόπεδα, ἀσαφῶς ἐκπλήγνυσθαι. 'Being alarmed, mysteriously struck with panic, as is the way with great armies'.

21 *fuga*] the context requires some such meaning as 'disorder': *cedere* implies an orderly, *fugere* a disorderly retreat.

25 § 4. *praefectos navium*] captains of ships. *Praefectus* is more often used for *praefectus classis*, an admiral.

animadvertisset] 'punished'.

27 § 5. *aderat*] 'appeared'. Polybius makes Hasdrubal retire to winter at New Carthage after his success near Tarraco, while Scipio retires to Tarraco. It is hard to see how there could have been time for the second campaign which follows in Livy's account, as Scipio did not arrive in Spain till September or October.

Ilergetum] see 22. 3 note.

32 § 6. *conpulsis*] 'having driven them all in'.

p. 64. 1 § 7. *Atanagrum*] not mentioned elsewhere, but probably somewhere near *Ilerda* in the territory of the *Ilergetes*.

4 § 8. *Ausetanos prope Hiberum*] *prope Hiberum* is hardly accurate as the *Ausetani* lived in the extreme N.E. corner of Spain about the *Vicus Ausetanorum* (Vich), 23. 2. It is probable that Scipio attacked them first as they lay nearest *Emporiae*.

et ipsos] like the *Ilergetes*.

5 *Lacetanos*] 23. 2.

7 § 9. *exuti*] middle, 'throwing away their arms'.

10 § 10. *fuit*] 'lasted'.

11 *minus quattuor*] so *plus dimidium*, 59. 8. Verg. *A.* I. 683 *noctem non amplius unam.* Verg. *Ec.* III. 105 *tres pateat caeli spatium non amplius ulnas.*

12 *pluteos*] these were wicker frameworks of semicircular shape covered with hides and placed on wheels so that they could be pushed forward to cover a besieging force; 'mantlets'.

vineas] roofs of wickerwork or planks mounted on posts which could be carried or wheeled by advancing troops. The sides were also protected, but they seem to have been designed more than *plutei* to to keep off missiles coming from above; 'penthouses'.

ut...fuerit] though *operuerat* has preceded. See note on 2. 6 *eo fuit habitu oris ut...praebuerit*; 58. 3 *adeo atrox adorta tempestas est ut Alpium foeditatem superaverit.*

13 *coniectis*] with *ab hoste. etiam* with *tutamentum.* The latter word does not occur elsewhere in classical prose.

15 § **11.** *pacti*] probably from *paciscor*, 'bargaining for their safety at the price of', etc.

16 *deduntur*] middle, 'surrendered'.

CHAPTER LXII.

17 § **1.** *facta*] 'took place'.

18 *religionem*] 'religious fear'.

19 *temere*] 'hastily'.

20 § **2.** *in quis*] sc. *nuntiatum est.*

21 *foro olitorio*] between the Capitol and the Tiber.

triumphum clamasse] cf. Ov. *Am.* I. 2. 25 *populo clamante triumphum.* The actual cry would have been *Io Triumphe*, as in Hor. *C.* IV. 2. 49

teque, dum procedit, Io Triumphe,
non semel dicemus, Io Triumphe.

§ **3.** *foro boario*] on the edge of the *Velabrum* near the *Circus Maximus.*

22 *contignationem*] 'story', usu. *tabulatum.* The animal probably mounted by a staircase outside the house.

24 § **4.** *adfulsisse*] 'flashed upon men's sight'.

aedem Spei] in the *forum olitorium.*

25 *Lanuvi*] the mention of the prodigies which occurred, *circa urbem*, 1, now begins. The words might be applied to the places mentioned in so far as they are included in the *ager Romanus.*

Lanuvium was the nearest city to Rome in the direction of the Alban hills, about 19 miles along the *Via Appia*.

hastam] it was the spear of Juno, probably regarded as the symbol of the goddess. Such symbols date from a time before the representation of deities by statues had been introduced. There was a sacred spear, the symbol of Mars, in the *Regia* at Rome. Cf. also the *ancilia* in the cult of the *Salii*. Preller, *röm. Mythol.* 103. 300.

27 *pulvinario*] the couch used in the ceremony of the *lectisternium*. *pulvinarius*, instead of the usual *pulvinar*, occurs here only.

28 § 5. *hominum specie...visos*] Livy purposely omits the subject, to avoid stating what they were, 'beings resembling men'.

29 *Caere*] now *Cervetri* (=*Caere Vetus*). *Caere*, ablative.

p. 65. 1 *sortes*] the use of these was specially associated with the worship of Fortuna. The most famous were at Praeneste in the temple of *Fortuna Primigenia*. They were slips of wood on which proverbial phrases were written in ancient characters. To consult the oracle one priest sacrificed to the goddess, then a boy mixed the lots and drew one forth. Cic. *de Div.* II. 86 *quid igitur in his potest esse certi quae Fortunae monitu pueri manu miscentur atque ducuntur?* Preller, *röm. Mythol.* 563.

extenuatas] 'shrunk'. Their swelling denoted good, their shrinking evil fortune.

2 § 6. *libros*] the Sibylline books. According to Livy they were brought to Rome in the reign of Tarquinius Superbus. Connected with the Greek worship of Apollo, by whom the Sibyls were supposed to be inspired, they were written in Greek, and deciphered by two Greek interpreters attached to the *decemviri* for the purpose. They were kept in the temple of Jupiter Capitolinus and consulted only on the occasion of extraordinary calamities, for which the *pontifices* could prescribe no remedies.

4 *novemdiale sacrum*] a nine days' observance, of *feriae* as appears from I. 31. 4. This was the regular method of expiating a prodigy of this kind.

procurandis] 'taking measures to avert'. 46. 3.

5 *operata fuit*] with dat. =*operam dedit*, devoted itself to: also used absolutely=to be busy. Hor. *Ep.* I. 2. 29 *in cute curanda permultum operata iuventus.*

§ 7. *iam primum omnium*] Madvig alters *iam* to *nam* because there is no transition to a new subject, but only an explanation of *subinde aliis procurandis.* But *iam* is probably right. 'Already at the outset', i.e. 'at the very outset'.

6 *lustrata*] 'purified', usually by the *suovetaurilia* or sacrifice of swine, sheep and bull. e.g. Livy I. 44.

hostiae maiores] of full size, opposed to *lactentes.*

quibus editum est] *quibus* is governed by *ut caederentur* which is understood. *edere* is regularly used of oracular answers or directions as here.

7 § 8. *ex auri pondo quadraginta*] in full *ex auri libris pondo quadraginta.* *pondo* abl. = 'in weight', is used with the name of the weight expressed, as *unciam pondo*, Plaut. *Rudens*, 4. 2. 8; *ut exercitus coronam auream dictatori libram pondo decreverit*, Livy, III. 29. 3: or not expressed, when some case of *libra* is understood.

Gold was regularly estimated by weight at this time, as it was not yet coined. Cf. 48. 9, note.

8 *Iunoni in Aventino*] the statue of *Juno Regina* brought by Camillus from Veii on the capture of that city in 396 B.C.

9 *lectisternium*] at this ceremony images or busts of the gods were laid on couches and a banquet, provided under the direction of the *Epulones*, placed before them. Hor. *C.* I. 37. 2 *nunc Saliaribus ornare pulvinar deorum tempus erat dapibus, sodales.* The first *lectisternium* was celebrated in 399 B.C., being prescribed by the Sibylline books.

10 *adtenuatae*] with the same meaning as *extenuatae*, 5.

supplicatio] a solemn service either of praise, or, as here, of prayer, in which the temples were visited in procession. It was usually connected with a *lectisternium.*

11 *Algido*] sc. *monte.* The worship of Fortuna at Praeneste (see note on *sortes*, 5) and at Antium (Hor. *C.* I. 35. 1) is better known.

§ 9. *Iuventati*] like Hebe with the Greeks, Iuventas was the wife of Hercules. Thus their names occur together here.

12 *aedem Herculis*] probably the temple of Hercules Victor, dedicated by him, according to the legend, after his victory over Cacus, near the Porta Trigemina on the slope of the Aventine to the Tiber.

nominatim] probably with *ad aedem Herculis*, 'the temple of Hercules, which was specially named', as opposed to *omnia pulvinaria.* Madvig, thinking that *universo populo* must be opposed to a special class, reads *Iuventuti.*

It is less likely that *nominatim* means 'by certain persons specially named' as opposed to *universo populo*, though this interpretation wou'd make the correspondence in the two clauses complete.

13 *Genio*] sc. *populi Romani*. Every man was supposed to have a genius or protecting spirit. Hor. *Ep.* II. 2. 187 *natale comes qui temperat astrum naturae deus humanae, mortalis in unum quodque caput.* As individuals so families, societies, towns and nations had their genius, e.g. *genius coloniae Ostiensium*. This is the earliest mention of the *genius populi Romani*.

14 § **10**. *C. Atilius*] he had returned from Cisalpine Gaul on the arrival of Publius Scipio, 39. 3.

15 *si stetisset*] because *vota suscipere*=*promittere se vota soluturum*. 21. 9 *novis se obligat votis si cetera prospere evenissent.*

Chapter LXIII.

19 § **1**. *Placentiae*] from 56. 9 it appears that the army of Sempronius was at Placentia, that of Scipio at Cremona. Inconsistent with this is the passage which makes Sempronius retire to Luca, 59. 10. The latter is probably incorrect.

sorte] the armies were more often assigned by the senate. There is *sortitio* of provinces as in 17. 1. For in the present case both consuls were to have the same province, Cisalpine Gaul.

20 *edictum et litteras*] a formal instruction and a letter.

22 § **2**. *hic*] *Arimini*.

24 *tribunus plebis*] in 232 B.C. Flaminius, then tribune, proposed to place settlers on the Senonian territory, his purpose probably being to strengthen Ariminum which had been threatened by the Boii in 236 B.C. He was opposed by the Senatorial party, some of whom had occupied the land in question for grazing purposes, but succeeded in carrying the law. In pursuance of this scheme Flaminius made the great Flaminian road to Ariminum, afterwards extended, under the name of *Via Aemilia*, to Placentia.

25 *consul*] in 223 B.C., while fighting against the Insubrians, he was defeated while crossing the Po and was obliged to retire westward to the Cenomani, but eventually gained a decisive victory. Before the latter event the senate sent him a despatch recalling him to Rome on the plea that there was an informality in his election. Flaminius refused to read the despatch till after the battle.

abrogabatur] the imperf. signifies that the action was only attempted. So *intendebant*, 6. 6; *dabant*, 35. 4. *abrogare* is an incorrect word to use here. The senate could not depose Flaminius. All they could do was to induce him to abdicate voluntarily as being *vitio creatus*.

26 *triumpho*] the senate would allow him only a *supplicatio* for his victory over the Insubres, on the ground that it was due to the bravery of the soldiers rather than the skill of the general. Supported however by the people he celebrated a triumph.

27 § 3. *novam*] 'recent', opposed to *veterum certaminum*. It was passed in 220 B.C.

31 *amphorarum*] usu. *amphorum*. An *amphora*=6 gals. 7 pts. A liquid measure, it was used to estimate the capacity of a ship, as a ton with us, because oil and wine were the earliest objects of export and import.

32 § 4. *agris*] 'their estates'.

p. 66. 1 *indecorus*] with *patribus*. *visus*, to the proposers of the law. Cicero approves of commerce only as affording a stepping stone to a landed estate. *De Off.* I. 15. 1.

2 *per summam contentionem*] amid great excitement, cf. *per ambiguum favorem*, 52. 3.

4 § 5. *auspiciis ementiendis*] 'by falsely declaring that the auspices were unfavourable'.

5 *Latinarum feriarum mora*] 'by the delay which the Latin festival would cause'. The ancient festival of the Latin League at the temple of Jupiter Latiaris on the Alban mount is meant. The new consuls had to fix the day for the festival (*concipere ferias*) and offer the sacrifices at it.

consularibus inpedimentis] 'hindrances that might be thrown in a consul's way'. So *dictatoria invidia*, XXII. 26. 4.

6 *privatus*] sc. without having formally entered on his office.

10 § 7. *ante*] in 223 B.C.

inauspicato] 'without due auspices': the auspices had been taken, but they had been invalidated by an alleged informality. See section 2.

12 *spretorum*] sc. *deorum atque hominum*.

Capitolium...nuncupationem] indicate the ceremonies observed by a consul on the day of his formal entry into office, which are then detailed in the order in which they took place.

The consul, having assumed the *praetexta* (or robe of state) in his house, proceeded to the temple of Jupiter on the Capitol, where he offered the sacrifices vowed by his predecessor, and undertook that similar sacrifices should be offered next year. This is what is referred to in *votorum nuncupatio*. He then held a meeting of the Senate in the Capitol, where matters of ceremonial were discussed, and in particular the day for the Latin festival was fixed.

sollemnem...nuncupationem] 'the usual recital of vows'.

15 § **8**. *invisus et invisum*] cf. 43. 15 *ignotos inter se ignorantesque*.

16 *Latinas*] *ferias*.

in monte] sc. *Albano*.

17 § **9**. *ne auspicato* sqq.] what follows refers, not to the ceremonies of the day of entry, but to those observed by the consul previous to his departure for his province.

vota nuncupanda] these would be special vows for the success of the campaign.

18 *paludatus*] this indicates the assumption of military command.

20 *clam, furtim*] 'secretly, stealthily'. Words of similar meaning are often placed together without a copula in Livy, e.g. *clam nocte, luce palam*.

exilii causa solum vertisset] 'as if he had left the country to become an alien'. *solum vertere* is used of the change of place, *exilium* of the change of political position. In early Republican times a Roman citizen could become a citizen of a community on the basis of *ἰσοπολιτεία* with Rome by taking up his abode there, and abandoning his rights as a Roman. He was then called *inquilinus* with regard to his new city, *exul* with regard to Rome.

21 § **10**. *magis pro maiestate...initurum*] *magis pro maiestate* is in the same relation to the verb as e.g. the adverb in *tempestivius in domum ...comissabere Maximi*, Hor. *C.* IV. 1. 9.

22 *deversorio hospitali*] 'a common inn'. The epithet is added with the verbosity of irritation.

23 *praetextam*] the robe of civic as opposed to that of military dignity, *paludamentum*. See note on 7.

24 § **11**. *et cogendum*] *et* indicates that there is a wider interval between *retrahendum* and *cogendum* than between *revocandum* and *retrahendum*. 'That he should be summoned or brought back, yes and compelled'.

26 § **12**. *in...legationem*] *in* of purpose, to fulfil this mission, i.e. 'on this errand'.

29 *litterae*] the despatch referred to in 7. See note on *consul*, 2.

32 § 14. *fuga*] 'confusion'. Cf. 61. 2 *magna caede, maiore fuga.*
procul] 'at a distance', explained by *ignaros quid trepidaretur.*

p. 67. 1 *concursatio*] 'excitement'.

2 *in omen*] i.e. *ut omen esset.* This sense can hardly be given in translation, 'received as an omen'. Cf. 47. 4 *in ordinem oppositis.*

magni terroris] for the gen. cf. 60. 6 *magni certaminis dimicatio*; 1. 5 *ingentis spiritus virum.*

§ 15. *legionibus duabus*] according to 59. 10 Sempronius had retired to Luca after his winter encounter with Hannibal; according to 56. 9; 63. 1 his legions wintered at Placentia. It is unlikely that they now came from Etruria only to return thither.

5 *duci est coeptus*] *acceptis* points to *Flaminius* as the subject; one would thus have expected *ducere coepit.*

APPENDIX I.

HANNIBAL'S ROUTE OVER THE ALPS.

ANY one approaching the Alps from the S.W. and wishing to enter Italy otherwise than by the coast route would do so by ascending to its sources the Durance, the Isère or the Rhone. The latter of these may be left out of account as far as Hannibal is concerned, as it would have taken him too far to the north. The Durance and Isère having each a tributary, by the former two passes, the Col d'Argentière or the Mont Genèvre, may be reached, by the latter the Mont Cenis or the Little St Bernard. By one of these four passes it is almost certain that Hannibal must have entered Italy in 218 B.C.[1]

Livy, as we have seen, c. 31. 9, describes Hannibal's march from the confluence of the Isère and Rhone in these words: *cum iam Alpes peteret, non recta regione iter instituit, sed ad laevam in Tricastinos flexit; inde per extremam oram Vocontiorum agri tendit in Tricorios priusquam ad Druentiam flumen pervenit.* This has been explained as meaning that Hannibal, starting from the confluence of the Rhone and Isère, did not follow the Drome, but turned N.E., first up the valley of the Isère, and then to the right up that of the Drac, whence he reached Gap by the Col de Bayard and so arrived at the Durance. Further, Livy adds, 38. 5 *Taurini sane Galli proxima gens erat in Italiam degresso.* There can be no doubt that these *termini* imply that Hannibal's march between them lay over the Mont Genèvre or the Col d'Argentière.

If we turn to Polybius' account, we find it stated that Hannibal

[1] See Arnold's *Second Punic War*, ed. W. T. Arnold, p. 264.

marched 'along the river from the island'. III. 50 *ἐν ἡμέραις δέκα πορευθεὶς παρὰ τὸν ποταμὸν εἰς ὀκτακοσίους σταδίους ἤρξατο τῆς πρὸς τὰς Ἄλπεις ἀναβολῆς*; while as to the final point of his march Polybius' words are *κατῆρε τολμηρῶς εἰς τὰ περὶ τὸν Πάδον πεδία καὶ τὸ τῶν Ἰνσόμβρων ἔθνος.*

What is the river referred to? It is most natural to understand it of the Rhone, for that river has been the *ποταμός* of the preceding narrative. 800 stadia up the Isère would not bring Hannibal to any Alps. Again we know that in later times the Allobroges inhabited the island, and it appears from Polybius that Hannibal marched through the country of the Allobroges. (Pol. III. 49 *εὐλαβῶς διακειμένοις πρὸς τὴν διὰ τῶν Ἀλλοβρίγων...πορείαν...παρεσκεύασε τὴν δίοδον αὐτοῖς.* The subject is the prince whom Hannibal had aided.)

Two modern writers, Freshfield (*Alpine Journal*, XI. 272) and Neumann (*Punische Krieger*, 293) try to reconcile the words *παρὰ τὸν ποταμὸν* with the march of Hannibal up the Isère which is indicated by Livy. Freshfield regards *παρὰ τὸν ποταμὸν* as meaning up the Rhone, but understands the words as implying no more than in the general direction of the river towards the Alps. *ποταμός* according to him then is the Rhone, but means the Isère. This we can hardly accept, nor yet Neumann's assumption that 'along the Rhone' is simply a mistake of Polybius.

As regards the ultimate point reached, the statement of Polybius that Hannibal descended among the Insubres appears to contradict that of Livy, that the first tribe he reached was that of the Taurini.

Neumann (l. c. 287), who thinks that the Genèvre is Hannibal's pass, tries to prove that Polybius and Livy mean that Hannibal descended among the Taurini by the following arguments. (1) He points to Livy's statement that all were agreed that Hannibal came down among the Taurini (38. 6 *id cum inter omnes constet*), and urges that *omnes* must include Polybius. The argument is not conclusive. *Omnes* cannot be taken in too strict a sense; it does not include Coelius for one. (2) He lays stress on *τολμηρῶς* in the words *κατῆρε τολμηρῶς εἰς τὸ τῶν Ἰνσόμβρων ἔθνος.* What need of daring he asks, if Hannibal was only marching into the territory of his allies the Insubres? The use of the word must imply the existence of some danger to be passed before safety could be reached. Further on (III. 60) it is mentioned that Hannibal took the city of the Taurini, who live at the foot of the Alps (*πρὸς τῇ παρωρείᾳ*). *κατῆρε* refers then to Hannibal's ultimate destination, the Insubres, τολμηρῶς to the resistance he had to expect in passing through the Taurini. The argument is ingenious but not quite convincing. Even if τολμηρῶς has the sense which Neumann gives it, the Salassi of the Val d'Aosta may be indicated just as well as the Taurini. The use of κατῆρε by anticipation is not natural. (3) Freshfield (l. c. p. 281) quotes a passage of Strabo giving a list of the Alpine passes mentioned by Polybius. In it occur the words εἶτα τὴν διὰ Ταυρίνων ἣν Ἀννίβας διῆλθεν. If these three last words are genuine they prove that there is no disagreement between Polybius and Livy as to the final point of the march. But they are omitted in one good MS. and Mommsen with other authorities declares them to be spurious.

On the whole then there is no satisfactory argument to prove that Polybius, like Livy, brings Hannibal down into the country of the Taurini, while as to the other extremity of the march the accounts seem certainly different.

Accordingly we shall not accept the view of Freshfield, who thinks that both Livy and Polybius indicate the Col d'Argentière as Hannibal's pass. It is possible however that this is the pass which Livy had in view. Livy brings Hannibal to the Durance, accordingly he must mean that he crossed either the Mont Genèvre or the Col d'Argentière. But the Mont Genèvre is excluded by Sallust, *Hist. Ep. Pomp.* 4, where Pompey writes: *novum per Alpes iter aperui, aliud atque Hannibal, nobis opportunius*, words which are generally understood to refer to the Mont Genèvre. There are however some difficulties with regard to the Col d'Argentière route. Freshfield, placing his ἀναβολή at Gap is obliged to suppose that Livy makes a mistake in mentioning the Druentia before the *Alpes* (32. 6) in his narrative. Again, while he finds a defile and a white rock on the W. side of the pass, and a gorge called les Barricades, where we may conceive the broken road to have been, on the E. side, yet he holds that Hannibal did not go directly up the Ubaye from the Durance, but struck across to it from the valley of the Durance at Embrun. This would bring the army over the Col de Vars (it is here that Freshfield finds his defile and white rock), which is nearly 400 ft. higher than the Col d'Argentière itself. Had the Col de Vars really been crossed it is difficult to believe that it would not have been distinctly alluded to in Livy and Polybius. One argument of Freshfield's is however undeniably strong. Servius (on *Aen.* X. 13) quotes Varro to this effect: *Alpes quinque viis Varro dicit transiri posse: una quae est iuxta mare per Liguras; altera qua Hannibal transiit; tertia qua Pompeius ad Hispaniense bellum profectus est; quarta qua Hasdrubal de Gallia in Italiam venit; quinta quae quondam a Graecis possessa est quae exinde Alpes Graeciae appellantur.* Freshfield thus identifies the passes in order from S. to N.: Cornice, Col d'Argentière, Mont Genèvre, Mont Cenis, Little St Bernard.

This passage indeed makes it probable that the Col d'Argentière was regarded by some well informed Romans as Hannibal's pass, and that it is the Col d'Argentière rather than the Mont Genèvre which is indicated in the narrative of Livy.

To turn again to Polybius. We saw that according to him Hannibal started up the Rhone, and eventually arrived among the Insubres. It remains to consider his route between these two points. Hannibal is described as marching 800 stadia up the Rhone, and then beginning the ascent to the Alps. But 800 stadia up the river would not bring him to any Alps. It is likely that he avoided the bend of the river at Lyons and struck across the plain of Dauphiné by the road which rejoins the river at St Genix. This is consistent with Polybius' words which describe the army as being ἐν τοῖς ἐπιπέδοις, and in a country favourable to the evolutions of cavalry. This route too would bring Hannibal at the end of the 800 stadia to the ἀναβολαὶ Ἄλπεων at the Mont du Chat. Up to this point the narrative in Livy has been quite different from that of Polybius. Henceforth the events, and in the main the reckoning of days are the same in each, though the narrative receives an additional colouring in Livy. Thus Livy's description of the conflict at the *Alpes* (c. 33) corresponds to the conflict at the ἀναβολαί in Polybius. From the Mont du Chat Hannibal would proceed by the road leading into the Tarentaise and so to the Little St Bernard. He did not turn to the right up the Arc and so reach the Mont Cenis, for that would have brought him down among the Taurini. Again this route would be shorter than the 1200 stades (150 miles), assigned by Polybius to the interval between the Ἄλπεων ἀναβολαί and the plains of Italy, by 20 or 30 miles.

The natural features of the Little St Bernard pass accord fairly well with the indications of Polybius. The latter speaks of a λευκόπετρον ὀχυρὸν at the entrance of a defile, close to which Hannibal passed the night before he reached the summit. There is a rock known as the Roche Blanche and a gorge along the Reclus torrent (for which one must here leave the Isère) at a short distance from the summit of the Little St Bernard.

True, there is no view of Italy. But Polybius' narrative does not require that we should insist on this as a requisite. He merely says ὑποδεικνύων τὸν τῆς Ἰταλίας τόπον, 'indicating the position of Italy'. Again it has been pointed out that ἐνάργεια (in μίαν ἔχων ἀφορμὴν εἰς τοῦτο τὴν τῆς Ἰταλίας ἐνάργειαν), which has been thought to imply a 'clear view', generally means no more than 'sure evidence' in Polybius.

Lastly Polybius describes a spot where the road had been carried away apparently by an avalanche, and where the attempt to get round the broken road brought the Carthaginians on to a collection of old unmelted snow. In a gorge called La Tuile a short way below the summit is a place where the old road (it has since been abandoned for this reason), winding high up along the left bank of the stream, used often to be swept by avalanches, and this just for a space of 300 yards, about the same as the stade and a half mentioned by Polybius. The snow accumulated in the gorge below sometimes completely bridging the stream, and remained unmelted throughout the whole summer.

Polybius, III. 56. 1, says that Hannibal κατῆρεν εἰς τὸ τῶν Ἰνσόμβρων ἔθνος. The Little St Bernard is the only pass which would suit these words. True, Hannibal would have come in contact with the Salassi in he first instance, but this is the nearest outlet to the territory of the Insubres, and further down the valley Hannibal came on the Lai and Lebecii who were probably included among the Insubres.

The narratives of Polybius and Livy do then point to different routes, and we must determine which of the two we shall follow. Polybius, born in 204 B.C., is not far removed from being a contemporary authority. He says 'I speak with confidence on these matters, as I have made enquiries as to the events from the very persons who were present on each occasion, besides having inspected the ground and gone over the pass in person for the sake of gaining information and seeing what it was like'. Polybius' reputation for geographical accuracy has been impaired of late, and Neumann remarks that his cursory acquaintance with the Alps would only inspire him with an ill grounded confidence in his own knowledge. This however would not be the general opinion.

Livy, born in 57 B.C., wrote some 200 years after the events he described. He had the advantage of having increased geographical knowledge at his disposal, but did not trouble himself with any personal investigation of the route.

The narrative of Polybius seems more careful than that of Livy as regards the indications of distance and the reckoning of days, though he purposely omits names which would be unfamiliar to those whom he addressed. It is more homogeneous, and free from the inconsistencies[1] which may be detected in the other's narrative, though of course it does not necessarily follow from this that the latter is wrong in the main facts.

On the whole we can hardly venture to abandon the account of the older historian.

APPENDIX II.

THE SCENE OF THE BATTLE OF TREBIA.

WAS the battle fought on the E. or the W. bank? It appears from Livy, 47. 3 and 7, that Scipio retreating from the Ticinus pushed on to Placentia itself. In this case he must have crossed the Trebia and made his first encampment on its E. bank.

In 48. 4 it is stated that, alarmed at the desertion of the Gauls, and wishing to avoid the enemy's cavalry, Scipio crossed the Trebia and encamped on the higher ground on the other side of it.

Scipio then according to this account was on the W. and Hannibal on the E. bank of the Trebia, at the time of the engagement. Here we are met by two difficulties.

1. How could Hannibal, if he was on the E. bank of the Trebia, have taken Clastidium which was to the W. of it, Scipio's camp being, as it would have been, between him and the town?

2. How could Sempronius advancing from Ariminum, which lay to the S.E., have joined Scipio without being attacked by Hannibal if Scipio was on the W. and Hannibal on the E. of the Trebia?

If on the other hand Scipio's first encampment was on the W. bank of the Trebia all becomes plain.

Scipio encamped on the W. of the Trebia, Hannibal also on the W. but rather further from Placentia. Scipio, alarmed by the desertion

[1] E.g. in 37. 3, where a story describing the felling of trees is inserted in a description where it is stated that the locality is treeless.

of the Gauls, retreats to the E. bank, where Sempronius advancing from Ariminum joins him. Hannibal, perhaps in consequence of Scipio's retreat, takes Clastidium.

It is to be noticed that it is only in Livy that Scipio is represented as having retreated actually as far as Placentia in the first instance, and therefore encamping on the E. bank of the river. The passage in which the statement occurs has no counterpart in Polybius and is taken from Coelius Antipater. Polybius' words στρατοπεδεύσας περὶ πόλιν Πλακεντίαν, III. 66. 9, need not be taken in too strict a sense, and are compatible with the view that Scipio encamped on the W. bank of the river, though of course not far from Placentia.

The fact is that here, as in the account of the passage over the Alps, Livy's narrative is a patchwork. It is based upon Polybius, but supplemented by Coelius Antipater. As a consequence it is not consistent with itself, for Coelius appears to have held that Scipio's first camp was on the E. and consequently his second on the W. bank of the Trebia, while Polybius' account admits of the opposite interpretation. Thus while, as has been seen above, Livy puts the second encampment of Scipio on the W. bank, in 48. 9, mentioning the capture of Clastidium by Hannibal as following on Scipio's retreat across the river, he says, 48. 10 *id horreum fuit Poenis sedentibus ad Trebiam:* here he would seem to imply that the Carthaginians were on the W. bank. For he cannot have imagined that Clastidium, some distance to the W. of the Trebia, could have continued to supply the Carthaginians with provisions if they were on the E., the Romans on the W. of the river? Again in 52. 9 Livy following Polybius says that Sempronius crossed the river to help the Gauls in the country *inter Trebiam Padumque.* Surely he must have crossed from E. to W., for it is only on the W. side that the Trebia and Po can be described as enclosing country.

When we come to the battle we find in Polybius that the 10,000 Roman troops who cut their way through the Carthaginians, κωλυόμενοι διὰ τὸν ποταμὸν...ἀπεχώρησαν εἰς Πλακεντίαν, III. 74. 5.

Polybius' words admit of the explanation that the Romans avoided recrossing the river in the face of the enemy, but eventually recrossed it at some other point, perhaps by a bridge over the Trebia close to its junction with the Po. This crossing is not mentioned by Polybius because it was easy, while crossing it in the face of the enemy would have been difficult.

Livy, true to his principle of adding touches to enliven the narrative he borrowed from others, specifies that the Romans made their way to Placentia *recto itinere*. Lastly in a passage which does not occur in Polybius and which, like that which stated that Scipio reached Placentia in his retreat from the Ticinus, is probably drawn from Coelius, Livy says that the Roman wounded were transported to Placentia across the Trebia, implying that the Roman camp was on the W. bank of the Trebia.

Livy indeed implies that the first camp of Scipio and consequently the battle was on the E. bank of the Trebia, but his narrative is open to suspicion. Polybius does not indicate to which side either is to be assigned, while the circumstances of the case certainly point to the conclusion that the battle was fought on the W. side of the river.

INDEX OF WORDS MENTIONED IN THE NOTES.

[*The numbers refer to chapter and section.*]

INDEX OF PROPER NAMES.

[*The numbers refer to chapter and section.*]